贈与税対策に生かす
判例・裁決例 45選
【改訂版】

林　仲宣・四方田彰・竹内　進
[編著]

小野木賢司・小川浩史・角田敬子
[著]

税務経理協会

改訂版はしがき

　平成23年分の贈与税の申告書を提出した者が3万2千人増え，42万7千人となり，申告者が40万人を超えるのは平成17年分以来という報道があった（『速報税理』2012年6月21日号）。その背景には，東日本大震災の影響で遅れていた相続税法の改正が平成25年度にも実施されるという予測がある。確かに，このところ，経済専門誌から一般の週刊誌まで，相続税対策の特集記事が掲載された雑誌が目につく。ブームといってもいい。その意味で本書の改訂は，まさしく時機を得たものといえる。

　いうまでもなく相続税対策の基本は，相続財産の削減であるが，贈与はその方策の第一であることから，贈与に関する理解は重要となる。本書は初版発行後，公表された判例，裁決例のなかから5編を追加した。贈与税の事例解説書として最新の内容である。

　なお，本書の校正については，初版と同様に渡部岳君にお世話になった。また今回も税務経理協会の日野西資延氏にご配慮いただいた。

2012年（平成24年）10月

執筆者を代表して
林　仲宣

は　し　が　き

　税法の理論研究と実務に従事する立場からみても，贈与税の課税対象は複雑であり，課税範囲は広範であると感じることが多い。素人的発想からいえば，贈与税は怖い税といってもいい。

　講学的には，贈与税は相続税の補完税であることから，ともに相続税法において規定されている。俗な言い方をすれば，財産を亡くなった人から貰えば相続税が，生きている人から貰えば贈与税がそれぞれ課せられるということは，一般に理解されている。

　相続税の前提となる相続には，①臨時的・偶発的に生じるものであることが多いこと，②仮に争族関係にあっても親族間の問題であること，③生命保険金や死亡退職金などの現に存在・保有しない金品も相続財産に含まれ，それが周知されていること，などの事情がある。しかしながら特筆すべきは，相続においては，事前にいわゆる相続税対策が実施されていたとしても，相続の開始と同時に所有権が確定されている資産の移動が停止されることであり，いわば相続開始後は小細工ができない。

　これに対して，贈与は，①日常的に行われ，受贈者も認識していないこともあること，②他人同士でも効力があること，③内容が露呈しない場合もあること，などの事実が考えられる。しかも基礎控除，配偶者控除，相続時精算課税など贈与税の課税特例があることから，贈与が相続税対策の一環として認識されていることも否定できない。そのため贈与においては，相続のようにいわば時間が止まるわけではないので，当事者間で相続税を超えて，贈与税の回避を目論むこともできることから，混乱が生じることも多い。

いうまでもなく贈与税における贈与の定義は，民法の概念が適用される。つまり贈与の結果，受贈者は，当該資産の所有権を取得し，それを自由に消費・利用・転貸・売却できる状況にあるということになる。しかし，この贈与の本質を理解していない納税者が多いことも確かである。

また，相続のように日常生活が遮断された状態において，相続財産の存在と評価を行うこととは異なり，贈与においては，当事者の家庭の事情が根底にあることから，贈与の形態や内容が，贈与税の回避を意図しない場合であっても，複雑な環境や非日常的で想定外の状況も出現する。

さらに時価という極めて難解な評価方法により，他人間における適正な合意に基づく取引であっても，みなし贈与という特異な課税手法に驚く納税者も少なくない。

結局，贈与税の課税対象は，一般に普及している税常識の域を超えたものといえよう。そこで具体的には，各人の家庭環境，ライフスタイル，生活習慣など個別事情によるケースバイケースに応じた課税の実情を検討することで，贈与税の課税実態を検証することは有益であると考える。本書で検討した判例・裁決例は，当初から贈与税の回避を意図したと思える事例，贈与税課税を認識したうえで，その対策を講じた事例，贈与税を全く意図しないでいた事例など多様ではあるが，同時に裁判所または国税不服審判所の判断には，納税者の事情を考慮した納税者に有利な結論も散見することは興味深い。

本書は，『税経通信』平成19年10月号よりおよそ2年間21回にわたり連載した「判例・裁決事例に学ぶ贈与税の理論と実際」に加筆し，訂正して編集したものである。連載時より各執筆者が分担執筆をし，それを私が修正し，寄稿してきた。本書の編集に当たっては改めて各執筆者で協議したが，各事案の結論については多分に私の見解が反映している。したがって本書に関する最終的な責任は私に帰することはいうまでもない。なお，校正には渡部岳君（専修大学大学院法学研究科修士課程）にお世話になった。同君の今後の精進を祈念する次第である。

『税経通信』連載時には（株）税務経理協会の吉富智子氏に，本書の企画・出版には後任の日野西資延氏にそれぞれご助力いただいた。心から感謝するものである。

　2011年（平成23年）6月

執筆者を代表して
林　仲宣

はしがき

第1部　本書のために留意すべき贈与税の諸問題

1　贈与の意義 …………………………………………………………… 3
2　税法上の贈与 ………………………………………………………… 3
3　贈与税の性格 ………………………………………………………… 4
4　贈与税の納税義務者 ………………………………………………… 4
5　贈与による財産の取得時期 ………………………………………… 5
6　贈与の事実 …………………………………………………………… 5
7　低額譲渡 ……………………………………………………………… 6

第2部 判例・裁決例45選

◎ 参考事例一覧表 ……………………………………………… 9

Case 01：贈与の意義（贈与期日の判断）……………………………… 13
Case 02：贈与の本質（贈与税の制度と意義）………………………… 19
Case 03：受贈者の住所（生活の本拠）………………………………… 25
Case 04：贈与の時期（書面による贈与）……………………………… 30
Case 05：贈与の時期（贈与契約の有無）……………………………… 36
Case 06：贈与の時期（借名取引と登記時期）………………………… 40
Case 07：預金口座の名義と原資（財産の帰属と贈与の時期）……… 46
Case 08：贈与の時期（借地権の無償設定）…………………………… 51
Case 09：贈与税の事実（財産分与）…………………………………… 55
Case 10：財産分与（離婚の成立時期）………………………………… 61
Case 11：財産分与 ………………………………………………………… 67
Case 12：贈与の意義（書面による贈与）……………………………… 74
Case 13：贈与の時期（公正証書作成と登記手続き）………………… 80
Case 14：贈与の時期（公正証書による贈与契約）…………………… 86
Case 15：公正証書による贈与の意義（贈与の認識と所有権移転登記）…… 90
Case 16：配偶者控除（居住用財産の意義）…………………………… 95
Case 17：配偶者控除（贈与不動産の面積按分）……………………… 102
Case 18：贈与の事実（増築資金）……………………………………… 106
Case 19：贈与の事実（貸金）…………………………………………… 110
Case 20：贈与の事実（定期預金）……………………………………… 113
Case 21：贈与の事実（事業用資産）…………………………………… 117
Case 22：贈与の事実（定期預金）……………………………………… 123
Case 23：贈与の事実（住宅資金の貸借と返済）……………………… 127

Case 24：贈与の事実（資金移動） ……………………………………… 133
Case 25：贈与の事実（3年以内贈与） …………………………………… 137
Case 26：贈与の事実（生前贈与か立替金か） ………………………… 141
Case 27：贈与の事実（債務承継） ……………………………………… 146
Case 28：低額譲渡（農地） ……………………………………………… 155
Case 29：低額譲渡（同族株式） ………………………………………… 159
Case 30：低額譲渡（上場株式） ………………………………………… 165
Case 31：低額譲渡（上場株式） ………………………………………… 170
Case 32：低額譲渡（土地） ……………………………………………… 175
Case 33：低額譲渡（土地） ……………………………………………… 179
Case 34：低額譲渡（非同族株主への同族株式の譲渡） ……………… 184
Case 35：親族間の譲渡とみなし贈与（相続税評価額の意義） ……… 189
Case 36：無償譲渡（出資引受権） ……………………………………… 193
Case 37：無償譲渡（新株引受権） ……………………………………… 199
Case 38：無償譲渡（現物出資） ………………………………………… 203
Case 39：無償譲渡（第三者割当） ……………………………………… 209
Case 40：無償譲渡（現物出資） ………………………………………… 213
Case 41：贈与の事実（3年以内贈与） …………………………………… 217
Case 42：贈与の事実（米国における信託財産） ……………………… 223
Case 43：贈与の事実（老人ホーム入居金） …………………………… 231
Case 44：受贈者の住所（住所の本質） ………………………………… 235
Case 45：贈与財産の評価（建替え予定のマンションの評価） ……… 241

第1部

本書のために留意すべき贈与税の諸問題

1　贈与の意義

　相続税法第1条の4は，贈与により財産を取得した者に対して，贈与税を納める義務を規定している。この贈与に関する定義は明示されていないことから，民法上の規定を踏まえて検討することが通常行われる。

　民法は，第549条で，「贈与は，当事者の一方が自己の財産を無償で相手方に与える意思を表示し，相手方が受諾をすることによって，その効力を生ずる」と規定し，併せて同554条で，「贈与者の死亡によって効力を生ずる贈与については，その性質に反しない限り，遺贈に関する規定を準用する」と規定する。

　民法における贈与の概念は，財産を無償で与えることであり，その結果，贈与者の財産が減少し，一方受贈者の財産が増加することで経済的利益が生じる。ここでいう財産の範囲は動産，不動産，無体財産など広範なものといえる。

　なお，財産を与える，ということは，一般的には所有権が移転することであり，受贈者は当該財産を自由に消費・利用・転貸・売却できる状況にあるというべきである。

2　税法上の贈与

　贈与税の課税対象となる贈与は，上述のように民法上の贈与概念を前提とするが，相続税法では贈与税の課税対象となる贈与の範囲は広がる。

　相続税法第7条は，著しく低い価額の対価で財産の譲渡を受けた場合には，譲渡財産の時価との差額に相当する金額が，財産を譲渡した者から贈与により取得したものとみなすと規定している。みなし贈与の規定である。

　このみなし贈与は，相続税の課税対象となる，生命保険金や死亡退職金のようなみなし相続財産と同様の趣旨・解釈とされる。しかしながら相続における相続財産とみなし相続財産との区別は明確にできるが，みなし贈与の場合は，広く経済的利益の享受について，贈与として課税されるから，贈与の事実につ

いて納税者が混乱することが少なくない。贈与かみなし贈与かの判定はともかく，課税対象とされた取引や行為が，本来，贈与となる経済的利益としての判断を欠く納税者が多いことも事実である。みなし贈与においては，当事者の意思，認識，方法，金額，形式などが問われないことを確認する必要がある。

3　贈与税の性格

贈与税は，相続税法の中に規定されることから，相続税の補完税と位置付けることが一般的である。確かに死後と生前と財産の移転時期は異なるが，財産の移転を担税力となる経済的利益と捉えて課税することから，相続税と贈与税の性格は共通するものがある。しかし，相続は通常，親族間における財産の移転を前提とするが，贈与は，みなし贈与としての経済的利益を含むことから，贈与の当事者は，親族間よりも広い人間関係の，いわば他人同士であっても課税対象となる関係者になり得る現実がある。

4　贈与税の納税義務者

個人である贈与税の納税義務者は，居住無制限納税義務者，非居住無制限納税義務者及び制限納税義務者に区分されるが，その区分基準の第一は国内外における住所の有無による判定である。

この住所の判断は，民法の定義に依拠している。民法22条は，「各人の生活の本拠をその者の住所とする」と定め，さらに23条で，「住所が知れない場合には，居所を住所とみなす」としている。

この「生活の本拠」の判断については，意思（主観）主義と客観主義，あるいは単一説と複数説など多くの論争が行われてきた。家財，家族，職業，社会性などが判断の根拠と提示されたのである。それは税法に限らず地方自治法，住民基本台帳法，公職選挙法などでは，住所の存在がその判断・判定に大きな影響を及ぼすことに他ならない。

とくに税法の場合は，国外に居住する場合などでは，その解釈如何により課税回避の誹りを免れない。このことはいわゆる節税対策が横行する贈与税においては顕著であるといわざるを得ない。

5　贈与による財産の取得時期

贈与税の納税義務は，原則として個人が財産を取得した時に発生する。そのため財産の取得時期に関する判断は，納税義務者の判定はもとより，いわゆる時効の算定を考慮する意味でも，極めて重要である。相続税法には，取得時期に関する規定がない。したがって，本来は，民法の論理を踏まなければならないが，税務の取扱いでは，書面によるものについてはその契約の効力の発生した時であり，書面によらないものについてはその履行の時と明記している。

さらに公正証書による贈与契約について議論がなされるが，所有権等の移転の登記又は登録の目的となる財産については，特に反証のない限りその登記又は登録があった時に贈与があったものとして取り扱うものとするとしている。このことを通達課税と批判することはともかく，贈与の本質を，受贈された財産を自由に消費・利用・転貸・売却できる状況にあると考えれば，強ち否定すべきではないと考える。

6　贈与の事実

すでに述べたように，贈与の本質は，一般的には所有権が移転することであり，受贈者は当該財産を自由に消費・利用・転貸・売却できる状況にある。同時に，みなし贈与と異なり，贈与者・受贈者である当事者間では，贈与の意思，認識，方法，金額，形式など，どの要素をとっても，その実情を理解しているはずである。多くの場合，その財産は資金であると予測できるが，その資金を原資として預金，購入，建築，返済などの行為を通じて消費される。しかもそれらの行為は，行為者の名義が法的に特定され，外部からも判明できることか

ら，贈与の事実は当事者が予想する以上に露呈しやすいことを改めて理解しなければならない。

7 低額譲渡

相続税法第7条が定める典型は，低額譲渡である。その論点は，「著しく低い価額」の基準と時価の評価基準であるが，このみなし贈与規定に対する当事者の理解・認識の程度に応じてこの論点も相違が出てくる。

ただ，少なくとも時価との差額が生じるような譲渡においても，取引である以上，双方が価額について合意があったわけであり，そうなれば当事者が親族など関係者間取引である可能性は高い。みなし規定に対する認識度はさておき，利害が対立する通常の取引であれば，設定されることはない低い価額で譲渡が行われたならば，つまり不自然さがあれば，当然，租税負担の軽減を目論んだ内容であるという指摘は避けられない。譲渡所得税の負担軽減のつもりが，予期せぬ贈与税の課税を招いたということになる。

一方，みなし贈与に対する課税回避を念頭において譲渡契約を考慮する場合には，時価の算定が難しくなるが，この場合でも譲渡価額を検討できるのは関係者間取引であることが多いからといえよう。

結局，低額譲渡の争点は，時価の在り方に尽きる。

第2部
判例・裁決例45選

番号	内　容	裁判所等	期　日	TAINS検索番号	TKC文献番号
1	贈与の意義(贈与期日の判断)	那覇地裁	平成7年9月27日	Z213－7581	28021487
2	贈与の本質(贈与税の制度と意義)	大阪地裁	平成12年2月23日	Z246－8594	28082934
		大阪高裁	平成12年11月2日	Z249－8764	28091498
		最高裁	平成13年4月13日	Z250－8882	28101127
3	受贈者の住所(生活の本拠)	東京地裁	平成17年1月28日	Z255－09915	28101632
		東京高裁	平成17年9月21日	Z255－10139	25420277
		最高裁	平成19年3月27日	Z257－10672	25463318
4	贈与の時期(書面による贈与)	東京地裁	昭和57年10月14日	Z128－5083	21077230
		東京高裁	昭和59年3月28日	Z135－5319	21080342
5	贈与の時期(贈与契約の有無)	那覇地裁	平成5年10月5日	Z199－7204	22007872
		福岡高裁	平成6年8月23日	Z205－7375	28011197
6	贈与の時期(借名取引と登記時期)	裁決	平成12年10月19日	J60－4－40	26011500
7	預金口座の名義と原資(財産の帰属と贈与の時期)	裁決	平成13年3月29日	F0－3－006	26011550
8	贈与の時期(借地権の無償設定)	裁決	平成20年5月30日	J75－4－29	26012199
9	贈与税の事実(財産分与)	大阪地裁	昭和52年7月26日	Z095－4031	21058870
10	財産分与(離婚の成立時期)	裁決	平成13年3月30日	J61－4－42	26011552
11	財産分与	裁決	平成14年3月27日	F0－3－046	
12	贈与の意義(書面による贈与)	裁決	平成12年10月30日	F0－3－018	
13	贈与の時期(公正証書作成と登記手続き)	名古屋地裁	平成10年9月11日	Z238－8235	28040533
		名古屋高裁	平成10年12月25日	Z239－8313	28040534
		最高裁	平成11年6月24日	Z243－8435	28071262
14	贈与の時期(公正証書による贈与契約)	京都地裁	平成16年1月30日	Z254－9545	28140891

第2部　判例・裁決例45選

番号	内容	裁判所等	期日	TAINS検索番号	TKC文献番号
15	公正証書による贈与の意義(贈与の認識と所有権移転登記)	裁決	平成15年3月25日	J65－4－38	26011768
16	配偶者控除(居住用財産の意義)	裁決	平成5年5月21日	J45－4－01	26010845
17	配偶者控除(贈与不動産の面積按分)	裁決	平成13年9月13日	J62－4－25	26011595
18	贈与の事実(増築資金)	東京地裁	昭和51年2月17日	Z087－3718	21053110
		東京高裁	昭和52年7月27日	Z095－4034	21058900
		最高裁	昭和53年2月16日	Z097－4130	21060900
19	贈与の事実(貸金)	福島地裁	昭和53年2月13日	Z097－4123	21060850
		仙台高裁	昭和54年5月7日	Z105－4394	21065800
20	贈与の事実(定期預金)	東京地裁	平成元年10月26日	Z174－6378	22004204
21	贈与の事実(事業用資産)	新潟地裁	平成3年6月25日	Z183－6782	22005523
		東京高裁	平成3年10月9日	Z186－6732	22005825
		最高裁	平成4年3月19日	Z188－6874	22006505
22	贈与の事実(定期預金)	裁決	平成8年2月1日	J51－4－29	26011109
23	贈与の事実(住宅資金の貸借と返済)	裁決	平成15年3月25日	F0－3－072	
24	贈与の事実(資金移動)	津地裁	平成15年12月4日	Z253－9483	28090451
		名古屋高裁	平成16年7月15日	Z254－9699	28141249
25	贈与の事実(3年以内贈与)	裁決	平成16年2月27日	J67－4－28	26011868
26	贈与の事実(生前贈与か立替金か)	静岡地裁	平成17年3月30日	Z255－09982	28102023
27	贈与の事実(債務承継)	さいたま地裁	平成17年4月20日	Z255－10006	28111840
		東京高裁	平成17年11月10日	Z255－10197	28111839
		最高裁	平成18年5月22日	Z256－10401	25450868
28	低額譲渡(農地)	横浜地裁	昭和57年7月28日	Z127－5037	21076830
		東京高裁	昭和58年4月19日	Z130－5178	21078070

番号	内容	裁判所等	期日	TAINS検索番号	TKC文献番号
29	低額譲渡（同族株式）	大阪地裁	昭和61年10月30日	Z154－5816	22002083
		大阪高裁	昭和62年6月16日	Z158－5926	22002119
		最高裁	昭和63年7月7日	Z165－6134	22003405
30	低額譲渡（上場株式）	東京地裁	平成7年4月27日	Z209－7510	28010869
31	低額譲渡（上場株式）	東京地裁	平成12年1月21日	Z246－8564	28082911
32	低額譲渡（土地）	裁決	平成12年6月29日	J59－4－20	26011430
33	低額譲渡（土地）	裁決	平成14年3月28日	J63－4－28	26011658
34	低額譲渡（非同族株主への同族株式の譲渡）	東京地裁	平成17年10月12日	Z255－10156	28110084
35	親族間の譲渡とみなし贈与（相続税評価額の意義）	東京地裁	平成19年8月23日	Z257－10763	28132409
36	無償譲渡（出資引受権）	名古屋地裁	昭和51年5月19日	Z088－3785	21054270
		名古屋高裁	昭和53年12月21日	Z103－4298	21064100
37	無償譲渡（新株引受権）	神戸地裁	昭和55年5月2日	Z113－4591	21069410
		大阪高裁	昭和56年8月27日	Z120－4847	21074480
38	無償譲渡（現物出資）	裁決	平成3年10月18日	J42－4－02	26010711
39	無償譲渡（第三者割当）	東京地裁	平成8年12月12日	Z221－7829	28032117
		東京高裁	平成9年6月11日	Z223－7930	28040510
40	無償譲渡（現物出資）	裁決	平成9年8月27日	F0－3－020	
41	贈与の事実（3年以内贈与）	裁決	平成20年5月29日	J75－4－32	26012202
42	贈与の事実（米国における信託財産）	名古屋地裁	平成23年3月24日	Z888－1584	25443597
43	贈与の事実（老人ホーム入居金）	裁決	平成22年11月19日	J81－4－11	26012414
44	受贈者の住所（住所の本質）	最高裁	平成23年2月18日	Z888－1572	25443124

第2部 判例・裁決例45選

11

番号	内　　容	裁判所等	期　日	TAINS検索番号	TKC文献番号
45	贈与財産の評価（建替え予定のマンションの評価）	裁決	平成22年10月13日	Ｆ０－３－２５２	26012415

（凡例）

事例：本書における事例番号

ＴＡＩＮＳ：税理士情報ネットワークシステム・税法データベース検索コード

ＴＫＣ：ＴＫＣ法律情報データベース（ＬＥＸ／ＤＢ），（第一法規税務判決・裁決
　　　　データベース）文献番号

（判例集等の記載は，ＴＫＣの書誌データの中から代表的な文献を転載している）

Case01：贈与の意義（贈与期日の判断）

事実の概要

　Cは，昭和40年ころ，居住用建物を建築したいと考え，長兄Aに相談したところ，同人の土地を約80坪贈与するので，同所に建築するよう勧められた。Cは，同土地の上に建物を建築したが，その建築資金の融資を受ける際に，銀行員から，子供の代になって紛争にならないように，書面を作成した方がよいとの助言を受けた。そこで，Cは，昭和41年5月，Aとの間で，175坪の土地のうち，約80坪をAからCに対し贈与する旨記載した「覚書」を作成した。

　昭和60年に次兄Bが自宅を新築するため，残りの95坪に相当する土地についてAから贈与を受け，分筆後，昭和63年から平成2年にかけて移転登記を行った。

　この分筆に際し，平成2年2月，Cも，昭和41年5月の贈与を原因とする土地の登記手続を行った。

　平成4年8月，課税庁は，Cに対し平成2年分の贈与税の決定処分等をしたことに対し，Cは，同年における贈与の事実ではないことを主張し，取消しを求めた。

納税者の主張

　Cは，昭和41年5月に，Aから土地の贈与を受けており，贈与の時期を，所有権移転登記がされた平成2年2月とした本件各処分は，事実を誤認するもので，違法である。
① 覚書には，本土復帰前の琉球政府時代の収入印紙が貼付されており，その外形的，客観的な状態が相当の年数を経て薄茶色に変色していること等からも，右覚書は，作成日付ころに作成されたものである。

②　Cは土地上に建物を建築し，土地に相当する範囲にブロック塀等を設置するなどして同土地を支配管理してきたのであるから，昭和41年の贈与の段階において，その範囲は特定されていた。

③　土地について直ちに移転登記手続をしなかったのは，本土復帰前の沖縄においては，登記に対する意識は一般的に低く，Cは，建築した住宅について自己の所有権保存登記がされていれば十分であると認識していた。

④　本土復帰前の沖縄においては，相続税法が制定されていなかったので，相続や贈与による所得は，所得税法の適用を受け，一時所得として課税されることとなっていたが，昭和41年当時，土地等の贈与による課税実績はほとんどなかった。

⑤　Cは，本件土地の贈与を受けた後，本件土地の名義人であるAに対し，固定資産税を負担してきた。また分筆登記手続費用は自己が負担した。

課税庁の主張

　本件贈与の時期は，所有権移転登記がされた平成2年であり，本件各処分は適法である。

1　覚書の信用性が疑わしいこと

　覚書は，原本の下端の一部が不自然に切り取られており，製造年月の検証が不能である。沖縄が本土復帰する以前の文書及び一般人の年号表記は，西暦で表すことが普通であるが，覚書は，昭和で表示されている。兄弟間で作成された贈与の書面に琉球政府の印紙が貼付されているのは不自然である。

　仮に，覚書が昭和41年当時に作成されたとしても，これが作成日に贈与をしたことを証する書面であるとはいい難い。覚書は，土地の範囲について，「那覇市×目〇番地の土地約八〇坪」と記載してあるのみであり，土地のどの部分であるか記載されておらず，場所を特定するための図面も添付されていないことから，その対象となる土地についての特定を欠く。覚書は，銀行から融資を受けるに当たり，銀行提出用として作成されたものであり，贈与を証明する目

的で作成されたものではない。

2 登記が遅れた理由

Cは、昭和41年の時点で、分筆して移転登記をすることは可能であったにもかかわらず、平成2年になって初めて移転登記されており、それまでの間、名義変更しなかったことについて合理的な理由がない。

3 Bとの贈与時期の違いについて

Bは、昭和41年に、Aから同人所有の9番の土地の一部を借り受け、同所に建物を建築して居住していたところ、昭和60年ころ、Aから10番2の土地の贈与を受け、その後所有権移転登記をしている。もしもCが昭和41年に贈与を受けていたとすると、CとBは、同じ時期にA所有の土地に共に住居を新築したにもかかわらず、一方はAから土地の贈与を受け、一方はAから借地したこととなり、同じ兄弟間でこのような違いがあるのは不自然である。

4 固定資産税の負担について

Cは、Aに対し、土地の固定資産税相当額を支払っていたと主張し、領収証を証拠として提出するが、右領収証の金額は、土地の固定資産税額と厳密には一致しておらず、また、兄弟間で、土地の所有名義はそのままにして、右のような領収証の授受をすることは極めて不自然であり、信用できない。

以上から、覚書が、昭和41年当時に作成されていたことは相当に疑わしく、仮に、作成されていたとしても、これを直ちに贈与を証する書面と認めることはできず、土地の贈与の時期は、所有権移転登記がされた平成2年2月と認めるべきである。

裁判所の判断

① 平成2年分の贈与税の決定処分及び無申告加算税の賦課決定処分をいずれも取り消す。本件においては、昭和41年ころ、CとAとの間で、ほぼ土地に相当する部分について、AからCに贈与する旨の合意が成立し、贈与を証明するため、同年5月8日付けで覚書が作成されたものと認められる。そうで

あれば，本件贈与は，相続税法基本通達（1の3・1の4共－8(2)，平成21年3月現在）にいうところの，書面による贈与であることとなるから，その契約の効力の発生したときである，昭和41年を財産の取得時期とすべきであり，同取得時期を平成2年とした本件各処分は，いずれも誤りである。本件各処分は違法であり，取消しを免れない。
② なお，判決では，贈与の意義と課税時期について以下のように判示している。
　⒜ 相続税法によれば，贈与により財産を取得した個人で，当該財産を取得した時において，同法の施行地に住所を有するものは贈与税を納める義務があり（同法1条の4第1号），贈与により財産を取得した者が，その年中における贈与による財産の取得について，この規定に該当する者である場合においては，その者については，その年中において贈与により取得した財産の価額の合計額をもって贈与税の課税価格とするとされている（同法21条の2第1項）。
　⒝ 贈与税の課税価格の算定に当たっては，贈与による財産の取得時期がいつであるかが問題となるところ，相続税法には取得時期について，特段の定めがなく，相続税法基本通達において，贈与による財産取得の時期については，原則として，書面によるものについてはその契約の効力の発生した時，書面によらないものについてはその履行の時とされている。
　⒞ 特例として，所有権等の移転の登記又は登録の目的となる財産について，右の取扱いにより贈与の時期を判定する場合において，その贈与の時期が明確でないときは，特に反証のない限りその登記又は登録があった時に贈与があったものとして取り扱うものとするとされている。
　⒟ 基本通達は，所有権等の移転の効力が発生した時をもって，贈与による財産取得の時期とする民法の物権変動の時期についての通説，判例の考え方を前提としながらも，贈与の性格，実態に照らし，一定の場合には所有権移転登記等がされた時期を財産取得の時期としているものである。
　⒠ 書面によらない贈与は，その履行が終わるまでは各当事者においていつ

でもこれを取り消すことができ（民法550条），受贈者の地位は履行の終わるまでは不確定なものといわざるを得ず，贈与税の納税義務の成立時期を意思表示の合致の時（同法549条）とすると，いつ贈与契約が取り消されるかも知れず，いまだ確実な担税力を備えているとはいえない法律関係について課税が強制される結果になるという不合理があり，また，外形的に贈与の事実が把握し難いため，贈与税が有する相続税の補完的機能（相続税の回避を封じる）という性格が没却されかねないという不都合が生ずることになる。これらの点を考慮すれば，贈与税における財産の取得時期を，書面によらない贈与についてはその履行の時とし，贈与の時期が明確でないときは，特に反証のない限りその登記又は登録があった時に贈与があったものとして取り扱うとする基本通達の規定は，十分合理性があるというべきである。

研　究

　本事案は，覚書の真実性をめぐって，税務の取扱い（相基通1の3・1の4共－11）の適用についての課税処分が争われた事例である。

　通達によると，土地，建物等の所有権等の移転の登記又は登録の目的となる財産について，その贈与の時期が明確でないときは，特に反証のない限りその登記又は登録があった時に贈与があったものとして取り扱うものとするとされている。裁判所は両者の主張に関して，覚書の内容とその後の土地の利用状況，固定資産税の負担状況等の事実審理を行い，上述のように判示した。

　覚書の信用性に関して審理上で着目された点としては，覚書が自筆で署名され，実印が押印されていることである。対象物が登記対象である土地の贈与書類であるところから，当然と思われるが，自筆の署名と実印押印は，信用性において欠くことのできないものであろう。

　土地の贈与に関しては，諸般の事情により直ちに分筆し，移転登記を行うことのできない場合もあり得るものと思われる。その場合，いわゆる共有状態となるが，本事案においては，土地の利用に際して，コンクリートブロックにて

自己に贈与された所有部分を明確にしておいた点，固定資産税をおおむね負担していた点，分筆費用を受贈者が負担した点等が重視された。これらのことを怠っていた場合には，贈与の意思はなく，使用貸借状態であると判断されてしまうこともあり得るかと思われる。税務の取扱いは「特に反証のない限りその登記又は登録があった時」とあるので，反証できるだけの証拠を用意するのは，納税者側の義務となろう。

　なお，課税庁は，覚書の貼付された印紙や領収証等の不自然さを指摘する。確かに親族間取引では珍しい。もっとも税務対策上，親族間取引であるからこそ，その立証として他人間取引では当然とされる文書の作成を励行すべきという判断もある。本事案でも，銀行員の助言がみられることから，通常なら税務的な示唆も想像でき，納税者に税務的意図があったことも否定できない。しかし，本事案で示された本土復帰前の沖縄の生活，慣習，及び税制を踏まえれば，税務対策という概念が当時の沖縄では希薄だったようにも思える。

　ともかく，裁判所の判断は，贈与の課税時期と納税者側が反証に際しての必要事項を示した貴重な判決であるといえる。

（参考）
　那覇地方裁判所　平成7年9月27日判決（ＴＡＩＮＳ検索番号Ｚ213-7581・ＴＫＣ文献番号28021487）

Case02：贈与の本質（贈与税の制度と意義）

事実の概要

　納税者は，父（訴外）からＡ社の株式の贈与を受け，贈与税の申告をした。これに対して課税庁は，申告に係る課税価格の計算において株式の評価が過小に評価されていることを理由として，更正及び過少申告加算税の賦課決定を行った。

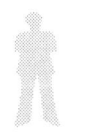

納税者の主張

　Ａ社株式は取引相場がないため，同族株主等以外の株主の取得した株式については，その株式を所有することによって受け取る１年間の配当金額を，一定の利率で還元して元本である株式の価額を評価するという配当還元方式によって評価される株式に該当する。課税庁はＡ社株式の価額を父の取得価額と同額であると評価して更正を行ったものであり，この更正は評価基本通達に違反した違法な処分である。

　Ａ社はベンチャー企業の持つ優良な技術等そのものを引当てとして積極的に融資してその株式等を取得し，その企業が上場することによるキャピタルゲインによる利得を期待するというハイリスクハイリターン方式の会社経営を行い，それに出資を募るというスキームを持つものである。

　父及び納税者は，優良な投資対象としてのキャピタルゲインと相続税節税効果を期待してＡ社株式を取得したものであり，合法的な資産形成活動である。しかるに，課税庁の処分は，納税者の資産形成活動を脱税とみなし，Ａ社株式を実質的には預け金その他の単なる金銭債権と同視し，他の同様の会社の株式の評価基準と区別するものであり，租税法律主義を定めた憲法30条，適正手続を保障した同法13条及び31条，並びに，法令の制定及び適用の平等を定めた同法14条に反する。

19

納税者は，あくまでも将来における相続税の節税効果を期待し，贈与に十分な節税効果があるとする税理士その他の専門家の説明を信じて合意したのであって，これを信じたことに過失はない。したがって，課税庁の処分が合憲かつ適法であるとすれば，「十分な節税効果の実現」の有無の認識に錯誤があったことになり，贈与は民法95条により無効である。そうであれば，課税庁の処分は，無効の贈与に対してなされたものであって，その前提を欠く無効の処分であり，取消しを免れない。

課税庁の主張

　納税義務者は，納税義務の発生の原因となる私法上の法律行為を行った場合，右法律行為の際に予定していなかった納税義務が生じたり，法律行為の際に予定していたものよりも重い納税義務が生じることが判明した結果，この課税負担の錯誤は当該法律行為の動機の錯誤であるとして，この法律行為が無効であることを課税庁に対し法定申告期限を経過した時点で主張することはできないと解される。なぜならば，わが国は，申告納税方式を採用し，申告義務違反や脱税に対しては加算税等を課している結果，安易に上記のような課税負担の錯誤を認め，その法律行為が無効であるとして納税義務を免れさせたのでは，納税者間の公平を害し，租税法律関係が不安定となるからである。

　本件についてみると，納税者は贈与に節税効果があると自認していること及び贈与に係る贈与税の法定申告期限が既に経過していることから，納税者は，本訴において，錯誤を理由に贈与が無効であることを主張することはできない。

裁判所の判断

1　租税法律主義，平等原則違反について

　憲法あるいは税法の要求する平等原則も，合理的な理由があるときに法律の許容する範囲内で課税上異なった取扱いをすることまでを一切禁止したものと

は解されず，本件においては，株式の評価を評価基本通達の定める方法によらず，純資産価額方式によったことについて，他の納税者との間での実質的な税負担の公平を図るという合理的な理由が存在しており，しかも，その評価方法も前記のとおり，相続税法22条に反するものとは解されないところであるから，このような取扱いは，租税法律主義，平等原則の観点からしても是認されるものである。

2　適正手続違反について

憲法31条に定める法定手続の保障の法意が本件各処分の手続に及ぶとしても，評価基本通達自体においてもその六で評価基本通達に従わずに評価される場合があることを明らかにしており，評価基本通達によらないための要件として，評価基本通達によらないことが正当として是認され得るような特別な事情を要求すると解する以上，その後の不服審査制度の存在をもあわせ考えると，憲法31条の法意に反するとはいえない。

3　贈与税の性格

贈与税が相続税の補完税としての機能を有し，生前贈与が相続財産の分割に用いられ相続税を回避することを防止するために高い税率を定めており，一定の金額については右の趣旨から贈与税を課す必要がないとして設けられたのが基礎控除であると解されることからすると，基礎控除額が贈与額にかかわらず一定額であることは何ら不合理なものではなく，また，高額の贈与に高い税率を課すことについては，贈与税が無償で財産を取得した者の担税力に着目した税であることからすると，贈与額が高額になるに応じて高い税率を課すことも何ら不合理なものではない。

4　錯誤無効の主張

わが国は申告納税方式を採用し，申告義務の違反や脱税に対しては加算税等を課している結果，安易に納税義務の発生義務の原因となる法律行為の錯誤無効を認めて納税義務を免れさせたのでは，納税者間の公平を害し，租税法律関係が不安定となり，ひいては申告納税方式の破壊につながるのであるから，納税義務者は，納税の発生の原因となる私法上の法律行為を行った場合，この法

律行為の際に予定していなかった納税義務が生じたり，この法律行為の際に予定していたものよりも重い納税義務が生じることが判明した結果，この課税負担の錯誤が当該法律行為の動機の錯誤であるとして，この法律行為が無効であることを法定申告期間を経過した時点で主張することはできない。

研　究

1　本来の贈与

本来贈与は，当事者の一方が自己の財産を無償で相手方に与える意思を表示し，相手方が受諾をすることによって，その効力を生ずる（民法549条）。

法形式上は贈与による財産の取得でなくとも，その経済的効果が実質的に贈与を受けたと同様な場合は贈与とみなされる。この財産とは，金銭で見積もることができる経済的価値のあるものをいい，例えば，物権，債権に限らず信託受益権，電話加入権等も該当する。財産の贈与は，親族等の特殊関係のある者相互間で行われることが多いため，外観上贈与以外の，例えば，売買や貸借などの形式をとることもあり，その実質が贈与であれば形式にとらわれず贈与税が課税されることになる。

2　前提事実として

一般に，取引相場のない株式は，相続や贈与などで株式を取得した株主が，その株式を発行した会社の経営支配力を持っている同族株主等か，それ以外の株主かの区分により，それぞれ原則的評価方式又は特例的な評価方式の配当還元方式により評価する。

本事案の株式について，事実認定を総合的に鑑みると，A社がB社（訴外）に劣後株式を発行することにより，出資者の有する株式を常に配当還元方式で評価することができるように株式数が調整されている。そして，同族株主以外の株主がその売却を希望する場合には，減資をしてでも応じることがうたわれ，時価による価額の実現が極めて高い蓋然性で保障されることになっている。株式に対する配当の額と比較して，株式を売却する場合に保障される売却代金が著しく高額であることからすると，株式を保有する経済的実益は，配当金の取

得にあるのではなく，将来，時価純資産価額相当額の売却金を取得する点にあると認められる。したがって，出資者の所有する株式が常に配当還元方式により低く評価される状態を作りだすことにより，相続税及び贈与税の負担を軽減することを目的と考えられる。

3　錯誤無効の主張について

　本来贈与により取得したとみなすのは，法形式上は贈与による財産の取得でなくても，その経済的な効果が実質的に贈与を受けたものと同様な場合に税負担の公平を図るため，これを贈与による取得とみなして課税するものである。

　納税者は，本事案において，贈与は節税対策の一環として行われており，節税対策が功を奏しなかった以上，贈与は錯誤によって無効であると主張し，課税処分により高額の贈与税が課税されることがわかっていれば節税対策及び贈与も行われなかったと主張している。

　贈与の意思に基づくものでなく，他のやむを得ない理由，例えば，他人名義による財産の取得や詐欺，脅迫の事実が認められた場合などに基づいて行われたことが明らかな場合には，その贈与財産について贈与税が課税される前に，その財産の名義を実際の所有者の名義にしたときに限り贈与がなかったものとされる。

　ところが本事案の場合，株式を贈与する意思が十分にあり，実際に贈与されている。一定の経済目的の達成や経済的効果の発生を実現する複数の手段・方法が存在する場合，どの手段・方法を採用するかは，私的自治の原則の下では，当事者の自由な選択に委ねられており，節税に関してもこれを選択する当事者の自らの責任と負担において行われるべきものである。功を奏して他の法形式を選択した場合よりも節税できた場合がある反面，思ったほど節税効果があがらない場合も十分にあり得る。それは結果論である。

　現実に課税された時点で，当初の期待に反することを理由にいったん選択した法形式を否定することは，自らの判断の誤りを理由にその法形式を前提に形成された租税法律主義を覆すことを意味する。一方で，法形式選択の自由を享受しながら，他方で，自らの選択を自らの判断の誤りをもって撤回する行為と

第2部　判例・裁決例45選

なる。つまり，思ったような節税効果があげられなかったからといって当初の自己の選択した手段・方法をはじめからなかったことにしてほしいというのは自己中心的で一般社会においては当然認められない。

　それによる法律行為の無効を理由に納税義務を免れ得るものとしたのでは，租税法律主義の根底が崩れてしまう。結果として節税効果がなかったとしても，民法549条のいう当事者の一方が自己の財産を無償で相手方に与える意思を表示し，相手方が受諾をしたことは事実である。となると，裁判所の判断は適法と考えられるのではないか。

　（参考）
　　大阪地方裁判所　平成12年2月23日判決（ＴＡＩＮＳ検索番号Ｚ246−8594・ＴＫＣ文献番号28082934）
　　大阪高等裁判所　平成12年11月2日判決（ＴＡＩＮＳ検索番号Ｚ249−8764・ＴＫＣ文献番号28091498）
　　最高裁判所　平成13年4月13日決定（ＴＡＩＮＳ検索番号Ｚ250−8882・ＴＫＣ文献番号28101127）

Case03：受贈者の住所（生活の本拠）

事実の概要

　納税者の義祖父は，都内の多数の土地を所有する資産家であったが，平成10年3月に亡くなった。納税者は，平成9年12月に下記の贈与計画に基づいて，義祖父からA社の株式の贈与を受けた。課税庁は，義祖父からA社の株式の贈与を受けた納税者に対し，平成15年法律第8号による改正前の相続税法1条の2第1号に該当するとして，平成9年分の贈与税について更正及び重加算税賦課決定をした。

〈贈与計画〉
① 義祖父名義で金融機関等から多額の借入れを行う。
② 金融機関からの借入金を日本国外に送金する。
③ 送金した借入金を原資として義祖父名義でA会社を設立し，株式を取得する。
④ 義祖父の推定相続人以外の者である納税者を受贈者として，納税者は国外に出国し，義祖父から国外財産の贈与を受ける。

納税者の主張

　納税者は，日本を出国する以前に，贈与がされることを知らなかったのであるから，義祖父と納税者との間において，株式を贈与する旨の法的合意が成立していたということはできない。したがって，納税者が株式を取得したのは，平成9年12月18日である。また，納税者の住所が平成9年12月9日以降国外にあったことは明らかであるから，相続税法1条の2第1号（現行法1条の4第1号）に該当しない。

課税庁の主張

　贈与計画の内容等から，贈与の実態は，義祖父の財産を海外に移転させ，殊更納税者を海外に居住させたように仕組むことによって，義祖父の相続の際の被相続人の相続税や納税者の贈与税の負担を回避しようとする租税回避スキームであることは明らかである。

　納税者は，株式の贈与を受けることを前提に会社を退職したと考えるほかないのであり，その後，義祖父が会社を設立して，株式を取得し，贈与に係る契約書の草案の作成依頼がされた時点では，贈与は，ほぼ実行されることが確実となっていたとみるほかない。

　したがって，遅くとも平成9年12月9日までには，義祖父と納税者との間において，株式を贈与する旨の法的合意が成立していたものと認めるべきである。

　また，納税者の住所については，相続税法には住所の定義規定はないから，受贈者の住所が国内，国外のいずれにあるかは，民法21条（現行法22条）により決することになる。そして，民法21条（現行法22条）にいう「生活ノ本拠」がいずれの土地にあると認めるべきかは，租税法が多数人を相手方として課税を行う関係上，便宜，客観的な表象に着目して画一的に規律せざるを得ないところからして，住居，職業，国内において生計を一にする配偶者その他の親族を有するか否か，資産の所在等の客観的事実に基づき，総合的に判定するのが相当であるが，これら客観的事実を総合的に勘案すると，納税者の住所が香港にあったということはできない。

　仮に，納税者が株式を取得した時が平成9年12月18日であったとしても，納税者の住所は，同月9日以降も国内にあったと認められるから，納税者は相続税法1条の2第1号（現行法1条の4第1号）に該当し，贈与について納税義務を負うというべきである。

裁判所の判断

　贈与には義祖父の相続税及び納税者の贈与税の負担の軽減を図るという目的があることは前示のとおりであるが、そうであるからといって、平成9年12月9日までに株式を贈与する旨の法的合意が成立したと認めるべき事実認定上の根拠のないまま、上記目的があることだけを理由に、同日までに株式を贈与する旨の法的合意が成立したとみなすことはできない。およそ法令において人の住所につき法律上の効果を規定している場合、反対の解釈をなすべき特段の事由のない限り、その住所とは、各人の生活の本拠を指すものと解するのが相当である（最高裁判所昭和29年10月20日大法廷判決・民集8巻10号1907頁参照）。

　そして、租税法において人の住所につき法律上の効果を規定している場合に、生活の本拠がいずれの土地にあると認めるべきかについては、租税法が多数人を相手方として課税を行う関係上、便宜、客観的な表象に着目して画一的に規律せざるを得ないところからして、住居、職業、国内において生計を一にする配偶者その他の親族を有するか否か、資産の所在等の客観的事実に基づき、総合的に判定するのが相当である。

　これらの事実等を総合勘案すると、納税者は、香港に赴任すれば、納税者の住所が国外にあり、納税者が相続税法1条の2第2号にいう非居住者に該当するという外形を作出することができるものと企図して、平成9年12月9日に日本を出国して香港に入国したに過ぎず、同月18日当時、納税者の生活の本拠が移転しているとまではいえず、生活の本拠は、依然として日本国内のマンションに存在していたものと認めるのが相当である。

　したがって、納税者の住所は、平成9年12月18日の時点において国内にあったから、課税庁は、相続税法1条の2第1号（現行法1条の4第1号）、2条の2第1項に基づき、贈与について贈与税を課税することができる。

研 究

　本事案は，納税者が，義祖父からA社の株式の贈与を受けた時に，平成15年法律第8号による改正前の相続税法1条の2第2号に規定する非居住者に該当するか否かについて争われた事案であり，生活の本拠が国外にあったかどうかが争点となっている。いわゆる武富士事件に先行する事案である。

　平成15年法律第8号による改正前の相続税法1条の2は，贈与税の納税義務について定めている規定である。平成15年度改正前の相続税法1条の2及び同法2条の2は，受贈者が贈与により財産を取得した時点でその受贈者が日本国内に住所を有する場合にのみ国外財産を課税対象とするとともに，財産を取得した時点で日本国内に住所を有していない場合には，取得した財産のうち国内財産のみを課税対象としていた。

　そのため，この規定を利用して，例えば，子供が国外に住所を移した直後に国外へ財産を移転し，その国外財産をその子供へ贈与することによって，我が国の贈与税の負担を回避し，又は，いずれの国の贈与税の負担も免れるという節税策が多く見受けられた。

　そこで，平成12年度改正において，租税特別措置法69条2項が設けられ，受贈者が贈与により財産を取得した時点でその受贈者が日本国内に住所を有していない場合でも，その受贈者又は贈与者が当該贈与前5年以内に日本国内に住所を有したことがあるときは，取得した財産のすべてを課税対象とするものとされた。そして，平成15年度改正により租税特別措置法69条2項は削除され，相続税法1条の4第2号及び同法2条の2第1項に同様の規定として，受贈者が贈与により財産を取得した時点でその受贈者が日本国内に住所を有していない場合でも，その受贈者又は贈与者が当該贈与前5年以内に日本国内に住所を有したことがあるときは，取得した財産のすべてを課税対象とする規定が設けられている。

　裁判所は，生活の本拠について，その住所とは各人の生活の本拠を指すものと解するのが相当である（最高裁判所昭和29年10月20日大法廷判決・民集8巻10号

1907頁参照）とし，生活の本拠がいずれの土地にあると認めるべきかについては，住居，職業，国内において生計を一にする配偶者その他の親族を有するか否か，資産の所在等の客観的事実に基づき，総合的に判定するのが相当であるとし，客観的事実に基づいて判断した。

　本事案は，納税者らが金融関係の一流企業の出身であったこと，専門家や銀行員らの助言があったことから，意図的に租税回避行為が行われたものであるということは否定できない。本事案のような贈与税事例はともかく，国外に拠点を設けて事業活動をする者が増えるなか，所得税の領域では，居住者，非居住者の判定は，容易ではなくなっている。

　なお，いわゆる武富士事件における最高裁の判断（最判平成23年2月18日：ＴＡＩＮＳ検索番号Ｚ888－1572・ＴＫＣ文献番号25443124）では，香港滞在日数を根拠に，住所を香港と認定した。裁判所は，多額の課税回避について指摘したうえで，租税法律主義の厳格な適用を求めている。

（参考）
　東京地方裁判所　平成17年1月28日判決（ＴＡＩＮＳ検索番号Ｚ255－09915・ＴＫＣ文献番号28101632）
　東京高等裁判所　平成17年9月21日判決（ＴＡＩＮＳ検索番号Ｚ255－10139・ＴＫＣ文献番号25420277）
　最高裁判所　平成19年3月27日判決（ＴＡＩＮＳ検索番号Ｚ257－10672・ＴＫＣ文献番号25463318）

Case04：贈与の時期（書面による贈与）

事実の概要

　納税者は，本件土地について登記権利者を納税義務者，登記義務者を贈与者Kとして，両者間で取り交わされた昭和41年9月19日付覚書に基づく贈与を原因とする所有権移転登記を，昭和50年12月26日に行った。しかし，納税者は本件土地の贈与を受けた旨の贈与税の申告を行っていなかった。

　これに対して，課税庁は，昭和53年2月28日付で，「納税者は贈与者Kから昭和50年中に本件土地甲の贈与を受けた」として，昭和50年分の贈与税決定処分及び無申告加算税の額を決定する賦課決定処分を行った。納税者が贈与者Kから本件土地を贈与により取得したことについては当事者間に争いはないが，納税者が本件土地を取得した時期について，「課税庁は，相続税法基本通達（現在の相基通1の3・1の4共－8の(2)）に定める贈与による財産取得の時期についての認定を誤り，違法であり，本件贈与税の申告書の提出期限である昭和46年3月15日から5年間を経過しており違法である」として取消しを主張した。

納税者の主張

　相続税法基本通達によれば，「財産取得の時期は，……贈与の場合にあっては，書面によるものについてはその契約の効力の発生した時」によるものとされている。これを本件についてみると，贈与者Kと納税者は，昭和41年9月19日裁判上の和解に基づいて，贈与者K所有に係る約640坪の土地を納税者に対して贈与する旨の合意をしたが，上記時点では未だ贈与する土地は特定していなかった。そこで，贈与者Kは，昭和45年1月18日付書簡をもって納税者に対し贈与する土地として本件土地を特定し，同書簡は翌19日納税者に到達し，納

税者は同日これを承諾した。これによって，贈与土地が確定的に定まり，贈与契約の効力が発生し，納税者が前述の土地の所有権を取得した。

　以上の事実により，本件土地の贈与は書面による贈与であるから，納税者がその所有権を取得した時期は効力の発生した時，すなわち，本件土地が特定した昭和45年1月19日であることが明らかである。

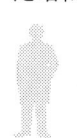

課税庁の主張

　贈与税は，受贈者が贈与により具体的に特定された財産を取得したことをもって受贈者に現実の担税力の増加をもたらすことに着目して課されるものであるところ，書面による贈与においては通常その契約の効力が発生した時に受贈者において具体的に特定された受贈物に対する現実的使用収益権能を取得し得るものであるから，その時に当該贈与財産を取得したものとして贈与税を課するのが相当である。

　これを本件についてみると，贈与者Kは，「現在所有する土地の内約640坪を贈与」と記載した昭和41年9月19日付覚書を作成したのであるから，同人に贈与の意思があったことは同覚書上表示されているものということができ，したがって，法律上は同覚書による贈与があったものということができる。

　しかし，この贈与は，一定の所有地のうちの一定面積の土地を贈与するというものであり選択債権というべきであるから，贈与者Kの選択によって債権の目的が特定することになる。そして，贈与者Kは，昭和50年4月ないし同年10月ごろまでの間に本件土地を選択し，贈与の目的を本件土地に特定したのであるから，納税者が贈与者Kから本件土地を贈与によって取得した時期はこの時であることが明らかである。したがって，同年分に係る贈与としてなした決定は正当であるといわなければならない。

裁判所の判断

1 相続税法基本通達の「財産取得の時期」

　贈与税の納税義務の成立時期である財産の取得の時とは，不動産の贈与についていえば，原則として，所有権移転の時をいうと解される。相続税法基本通達が「財産取得の時期は，……贈与の場合にあっては，書面によるものについてはその契約の効力の発生した時」によるものとすると定めているところ，この通達も，贈与契約の効力発生と同時に所有権等の移転の効果が原則として発生するとの見解に立ち，契約の効力の発生した時をもって財産取得の時期とすると定めたものであって，結局は，所有権等の移転の効力が発生した時をもって贈与による財産取得の時期として取り扱う趣旨と解される。したがって，不動産の贈与契約が締結されても，将来において目的物の所有権を移転することを特に定めた契約や，目的物の特定を欠く契約の場合には，契約の効力発生の時に所有権の移転があったものとはいうことができないから，かかる場合には現実の所有権移転又は目的物の特定があった時に財産の取得があったものというべきである。

2 土地の特定と所有権移転の効力

① 過去になされた贈与すべき土地を特定しない贈与約束に基づき，本件土地の所有権が贈与者Kから納税者へ移転した時期を検討するに，昭和45年1月18日付書簡自体をみても，当方所有地の譲渡予定地，「下記のように予定しますからお含み下さい」，「貴方でも成る可く早く譲渡受の態勢をとって下さい」などの文言が使用されており，贈与者Kが同書簡により本件土地の所有権を確定的に移転させる旨の意思表示をなしたと認めることはできない。

② 贈与者Kについて認定された事実は，土地の所有権移転前に，その土地を他人に賃貸し地代・名義書換料等を受領し，これらを自己の不動産所得として所得税の申告をしていたこと，またその土地に係る公租公課を支

払っていたこと，贈与者が受贈者に対して送金していた金員は地代ではなく，土地の贈与の履行が遅れていたことを理由として，その代償として地代相当額を送金したものと認められることである。

③　納税者について認定された事実は，昭和51年分から本件土地の公租公課を支払い，同年4月分から本件土地の賃借人より地代を受領し，同年5月から6月にかけて本件土地の賃借人との間で，改めて賃貸借契約を締結し，地代の振込先として甲銀行A支店に自己名義の普通預金口座を開設し，その旨賃借人に通知したほか，同年分から本件土地に係る不動産所得につき所得税の確定申告をしていたことが認められる。

したがって，以上の事実認定から，昭和45年1月18日付書簡により本件土地の所有権移転の効果は発生しておらず，贈与者Kと納税者とは，昭和50年10月に，贈与者Kが納税者に本件土地を贈与すること，所有権移転の時期は所有権移転登記の日とすることを合意したものであり，本件土地の所有権移転の時期は本件登記のなされた昭和50年12月26日と認めるのが相当である。

研　究

贈与は当事者の一方（贈与者）が無償で自己の財産を相手方に与える意思を表示し，相手方（受贈者）がこれを受諾することによって成立する契約である（民法549条）。この場合の所有権の移転時期については，学説上争いがあるが，判例通説は，贈与の目的物が現存する特定物であるときには贈与契約によって所有権も移転するべきであると解している。

本事案の背景には，相続人間の遺産分割に伴う，いわゆる争族がある。納税者と贈与者Kは，昭和30年に死亡した母を被相続人とする相続人同士の関係にあり，おそらく相続財産の分割や帰属に関する訴訟等を経た後の税務問題と推察できる。したがって，当事者が意識的に贈与税を回避するための手段や対策を講じた結果ではないと思える。

しかしながら，そもそも納税者が，自ら主張する昭和45年分の本件土地の贈与を受けた旨の贈与税の申告を行っていない。この事実をどう考えるかによっ

ては，申告義務の除斥期間の進行を待ったかのごとく，当事者間で所有権移転の登記を行ったのではないかとの疑念が持たれる事案でもある。

　この点について，「贈与契約が書面で締結されている以上，それに基づく除斥期間の進行を認めざるを得ず，課税できない」と解する立場もある。これに対して，親子間の贈与のように登記等の顕在行為がなければ，課税庁が知り得ないことから，申告及び登記をしない贈与行為は課税できないという不合理が生じる。

　もっとも，登記を要する不動産等，名義が特定される有価証券等などはともかく，当事者間の合意でその効力が成立し，第三者に対して所有権を明確にする必要のない贈与契約も多く存在する。

　したがって贈与契約の形式や対象財産により，除斥期間の判定が異なることは，課税の公平からの疑義も出てくることは否定できない。

　本事案では，贈与契約自体は，有効に成立している場合においても，その法的効力は，目的物が不特定の段階にある場合には，いまだ発生していないとの解釈を示し，そのうえで，納税者の主張する時点では，本件土地の所有権が移転していないことを，詳細な事実認定に基づき否認している。不特定物贈与という特殊な事例ではあるが，書面による贈与であっても，その贈与契約書という形式的要件が備わっていても，目的物の特定がなければ法的効果は発生していないことに注意が必要となる。

　なお，その後，創設された財産取得時期の特例通達では，所有権等の移転の登記又は登録の目的となる財産について1の3・1の4共－8の(2)の取扱いにより贈与の時期を判定する場合において，その贈与の時期が明確でないときは，特に反証のない限りその登記又は登録があった時に贈与があったものとして取り扱うものとするとなっている（相基通1の3・1の4共－11）。

（参考）
　東京地方裁判所　昭和57年10月14日判決（ＴＡＩＮＳ検索番号Ｚ128－5083・ＴＫＣ文献番号21077230）
　東京高等裁判所　昭和59年3月28日判決（ＴＡＩＮＳ検索番号Ｚ135－5319・ＴＫＣ文献番号21080342）

Case05：贈与の時期（贈与契約の有無）

> **事実の概要**
>
> 昭和47年4月に父から長男へ土地について，贈与を原因とする所有権移転登記が行われている。その後，昭和63年6月に長男から，納税者（二男）に対する所有権移転登記が行われた。その際，長男から納税者に対する土地の所有権移転登記の原因は，真正な登記名義の回復として行われていた。

納税者の主張

昭和63年6月に長男から納税者に土地の贈与が行われたとして，課税庁より決定を受けたが，長男からの贈与の事実はない。納税者は，昭和47年ころ父から本件土地の贈与を受けたのである。それは，真正な登記名義の回復として行われた所有権移転登記原因からも明らかである。したがって贈与税の決定は違法である。

課税庁の主張

仮に納税者（二男）が，昭和47年ころ父から本件土地の贈与を受けていたとしても，これは書面によらない贈与であり，贈与税の納付義務が生じる「財産を取得した時」（相法1条の4）とは書面によらない贈与の場合においては，贈与の履行のあった時と解すべきである。そのため，土地につき納税者に対し所有権移転登記手続きがなされた昭和63年6月に贈与があったというべきである。

裁判所の判断

　土地は昭和56年当時，駐車場として賃貸されていた。当該賃貸に伴う不動産所得に関しては，長男が取得したものとして税務申告も行われていた。

　納税者（二男）に対する土地の所有権移転登記が真正な登記の名義回復であることは，登記官の形式的審査権を有することに過ぎないことなどからも，納税者の主張事実の根拠とはなり得ない。そのため，土地の登記の経緯等を総合考慮すれば，納税者が，昭和47年4月ころ父から土地の贈与を受けたのは，納税者ではなく長男であること，また，納税者が昭和63年6月ころ兄から土地の贈与を受けたものであることは明らかである。

　また，納税者が土地の所有権移転登記完了後に，贈与税の申告をしなかったことについて正当な理由があるとは認められない。

　よって，納税者の本訴請求はいずれも理由がないから，これを棄却する。

研　究

　本事案において，昭和47年当時に父から兄への所有権移転登記が行われているが，納税者の主張によれば，その登記自体が誤りであり，昭和63年に真正な登記名義の回復として，納税者へ所有権移転登記が行われたことに関して，課税庁が所有権移転登記の行われた昭和63年に兄から納税者への贈与が行われたとしたところから端を発した事例である。

　結局，土地の贈与がいつ行われ，それに対する納税義務がいつ発生したのかが問題となる。

　贈与とは，当事者の一方が自己の財産を無償で相手方に与える意思を表示し，相手方が受諾をすることによって，その効力を生ずる（民法549条）。この意思表示自体は，書面でも口頭でも問題ない。

　また，こうした民法上の取扱いとは別に，税法上の取扱いに関して，贈与を受けた時期がいつであるかという判断については，次のように，税務上取り扱

われる（相基通1の3・1の4共－8⑵）。

① 書面による贈与については，その贈与契約の効力が発生した時
② 書面によらない贈与については，その贈与の履行があった時

　本事案においては，土地の贈与に関する贈与契約書等の書類が存在しないことから，納税者は昭和47年当時に父から贈与を受けたと主張し，課税庁は，土地が書面によらない贈与であり，贈与の履行のあった昭和63年に所有権移転登記があったときであると主張している。

　確かに民法上，昭和47年当時に父から兄ではなく，父から納税者に対し贈与が書面によらず行われていたとするならば，真正な登記名義の回復として，昭和47年当時の贈与をもって昭和63年に申請の登記名義の回復として所有権移転登記が行われたという主張自体は間違いとはいえない。

　しかし，税法上書面によらない贈与であったため，その「贈与の履行があった時」である旨規定されていることから，昭和63年に登記名義人の兄から納税者へ所有権移転登記が行われたことにより，その時点をもって贈与の履行があったとされたのである。

　一連の判示の中で，昭和47年当時の贈与が父から兄に対する贈与であるとする課税庁の主張を裏付ける証拠等の検証結果も含め，納税者の主張は棄却されている。仮に納税者の主張通りであるとするならば，その主張を裏付ける贈与契約書等の書類を作っておく必要があったであろう。また書面によらない贈与であったとしても，当時，贈与税の納税申告自体がなかった点に関して，納税者の主張を裏付けることができないことも事実である。

　こうしたことから，仮に書面によらない贈与を行う場合，その贈与自体に関して問題となる恐れがあるならば，贈与の履行を裏付ける資料や証拠を残すことに努める必要はある。金銭贈与であるならば，銀行振込などがその例といえるだろう。ただ，あえて少額の納税申告をすることで，贈与の記録を残すという税務対策を啓蒙する見解もあるが，議論のあるところである。

(参考)

　那覇地方裁判所　平成5年10月5日判決（ＴＡＩＮＳ検索番号Ｚ199－7204・ＴＫＣ文献番号22007872）

　福岡高等裁判所　那覇支部　平成6年8月23日判決（ＴＡＩＮＳ検索番号Ｚ205－7375・ＴＫＣ文献番号28011197）

Case06：贈与の時期（借名取引と登記時期）

> **事実の概要**
>
> 　本件土地は，昭和25年及び27年に財団法人Ｇ協会が売主，納税者の母を買主とする売買契約が締結され，所有権移転登記が行われた。本件土地の上には納税者の家屋が建築され，昭和41年7月に納税者を所有者とする所有権保存登記手続が行われた。その後，平成9年10月17日付で，母から納税者に対して昭和63年3月1日贈与を原因として所有権移転登記の手続が行われた。
>
> 　納税者は，平成9年分の贈与税の申告書を提出しなかったところ，課税庁は，平成10年10月30日付で，納税者に対し，平成9年分の贈与税について納付すべき税額を119,464,500円とする決定処分並びに無申告加算税の額を17,919,000円とする賦課決定処分をした。

納税者の主張

① 　父は，昭和25年6月6日及び昭和27年11月1日に，Ｇ協会から本件土地を買い受け，これを昭和57年12月までに納税者に贈与した。課税庁は，不動産登記簿の記載から，母がＧ協会から本件土地を買い受け，これを平成9年10月17日に納税者に贈与した旨主張する。しかしながら，父は，当時，某省官房長の要職にあり，本件土地の払下げについて特別な便宜を受けたと非難される可能性があったこと及びＢ国の日本大使館に赴任した際に持ち帰った物資を売却して，本件土地の購入資金を捻出したことから，意のままになる母の名義を借用して，所有権移転登記手続をしていたに過ぎない。本件土地の購入資金は父が負担し，本件土地購入後の固定資産税の負担や管理もすべて父が行っていたのであり，本件土地の所有者は母ではなく，したがって，母が納税者に本件土地を贈与した事実はない。

② 父は、その遺産の分配等について、昭和57年12月15日付で遺言状を作成するとともに、同月、納税者ら家族に対し、本件土地は購入当初より納税者のものとする予定であったとして、これを確定的に納税者に帰属させる旨伝え、それ以降、納税者において、本件土地の固定資産税等を負担し、これを維持管理してきたのであるから、その贈与の時期は昭和57年12月である。

③ 納税者が母から本件土地の贈与を受けた事実はなく、また、父からこの贈与を受けたのは昭和57年12月であるから、決定処分は、当該贈与に係る贈与税の法定申告期限は昭和58年3月15日までとなり、国税通則法第70条（国税の更正、決定の期間制限）第3項に規定する期間を経過した日以降になされた違法な処分ということになる。

課税庁の主張

納税者は、平成9年10月17日に、母（平成11年4月2日死亡）から、本件土地の贈与を受けた。納税者は、本件土地は昭和57年12月までに、同人の父（平成7年4月23日死亡）から贈与を受けたもので、母から贈与を受けた事実はない旨主張する。しかしながら、本件土地については、昭和25年6月6日及び昭和27年11月1日にそれぞれ同日売買を原因として、G協会から母Eに対し所有権移転登記手続がなされ、次いで、平成9年10月17日に昭和63年3月1日贈与を原因として、母から納税者に対し所有権移転登記手続がなされているのであって、父から納税者に対し贈与されたと認めるに足りる特段の証拠もないから、本件土地は、母から納税者に贈与されたものというべきであり、その時期は所有権移転登記手続のなされた平成9年10月17日である。

審判所の判断

① ⓐ本件土地について、昭和23年3月付で、売主をG協会、買主を母とする売買契約が締結され、この売買契約に基づいて、当該土地の分筆手続等が終

了した後の昭和25年6月6日，あるいは昭和27年11月1日受付で，母を所有者とする所有権移転登記手続がなされたこと，ⓑ本件土地上には，納税者の居宅が建築され，昭和41年7月6日受付で，納税者を所有者とする所有権保存登記手続がなされたこと，ⓒ本件土地について，平成9年10月17日受付で，昭和63年3月1日贈与を原因として，納税者に所有権移転登記手続がなされたことが認められる。これらの事実に照らすと，特に反証のない限り，納税者は，母から本件土地の贈与を受けたものと，事実上推定され，また，これは書面によらない贈与であるから，その贈与による取得の時期は，所有権移転登記手続のなされた平成9年10月17日というべきである。

② 納税者は，本件土地は父の役職などの関係から母の名義になっていたが，元来，父の所有地で，同人から贈与を受けたのであって，母から贈与を受けた事実はない旨主張する。確かに，ⓐ父は，その回顧録において，元専属運転手及び元秘書も，それぞれ陳述書において，父が「本件土地を安いから買った」，「妻の名義にしてあるが，資金を出した自分が実質的な所有者である」などと話していたと述べていて，いずれにしても母が本件土地の取得に際し，その資金等を負担した様子は何らうかがわれない上，当審判所の調査の結果によれば，ⓑ遺言状には，不動産は既契約のとおり，長女，長男（納税者）及び次女に分配済みであり，分配すべきものは残っておらず，また母に不動産は分配しない旨記載されていること，ⓒ本件土地について，平成9年10月17日受付で，昭和63年3月1日贈与を原因として，納税者に所有権移転の登記について，母の承諾を得て，平成11年2月1日受付で真正な登記名義の回復を原因として所有権更正登記手続がなされていることが認められ，これらは，本件土地の所有者は父であり，同人がその生前に納税者に贈与した旨の主張に沿うものといえないではない。

③ しかしながら，ⓐ本件土地は，昭和25年6月6日及び昭和27年11月1日から納税者に贈与を原因として所有権移転登記手続がなされた平成9年10月17日までの長きにわたり，納税者の主張する所有者である父の名義に直すことなく一貫して母を所有者として登記されており，父が公職を退いた際や本件

宅地上に本件建物を建築する際においては購入時のような父の名義にできない支障も特にないのに母から名義の変更はなされず，父の死亡後まで名義の変更がなかったこと，ⓑ本件の審査請求書を提出する直前の平成11年2月1日受付で真正な登記名義の回復を原因とする所有権更正登記手続がなされているとはいえ，それ以前には納税者自身，確定日付（平成8年11月1日）のある昭和63年3月1日付の「不動産贈与証書」により，同日，母から本件土地の贈与を受けたとして，平成9年10月17日受付で所有権移転登記手続をしていること，ⓒそして，母は，土地の一部について，仮処分の申立てをし，地方裁判所において，平成10年11月19日付で，譲渡並びに質権，抵当権及び賃借権の設定その他一切の処分をしてはならない旨の仮処分決定がなされたこと，さらに，県税事務所の土地・家屋名寄帳によれば，平成8年11月15日付の届け出では，納税者は母の納税管理人とされていることが認められるのであって，これらに照らすと，本件土地の取得当時，父自身が所有権を取得することがためらわれた結果，母をして本件土地を取得せしめたとの事実をうかがわせるものである。

④　納税者は，本件土地の贈与を受けたのは昭和57年12月であると主張する。しかしながら，本件土地のもとの所有者は父ではなく，母であることは上記のとおりであるし，仮に父から贈与を受けたものであるとしても，父の当時の日記には本件土地の贈与に関する記述はなく，次女も当時，不動産の譲渡について話があったが，その際，本件土地を納税者に贈与する旨の話は出なかったと述べているのである。のみならず，納税者は，昭和57年12月に贈与を受けたと主張しながら，同年分の贈与税の申告書を提出しておらず，それから約15年も後の平成9年10月17日受付でようやく本件土地の所有権移転登記手続をなしたもので，しかも，本件の異議審理手続においては，本件土地の贈与を受けたのは昭和63年3月1日と主張し，さらに，昭和57年12月以降本件土地の固定資産税を負担したとしながら，これを証する資料も提出しない（かえって，上述のとおり県税事務所の土地・家屋名寄帳によれば，母の納税管理人を納税者とする届け出がなされたのは平成8年11月15日であることが認められる）

のであって、これらの事情に照らすと請求人Xの主張を直ちに採用することはできない。

以上のとおり、本件土地は平成9年10月17日に納税者に贈与されたものと認められ、これを覆すに足りる事情は認められない。

研 究

贈与による財産の取得時期は大別すると3つの説に分かれている。

1 契約成立時説

この説は、物権変動の時期に関する民法の通説に従うもので、贈与も民法上の契約の1つであるから、意思表示だけで足り、贈与契約の成立時をもって所有権移転の効力が発生するという説である。

2 引渡・登記時説

これは、贈与契約の履行行為（目的財産の引渡し、効力要件としての登記等）がなされた時をもって、財産の取得の時とする説である。

3 課税適状時説

これは、書面による贈与はその契約の効力の発生した時により、書面によらない贈与についてはその履行の時によるという説である。

民法上贈与契約は諾成・不要式の契約であって口頭による贈与も可能である。しかも、通常贈与契約は親族間で行われることが多いので、贈与契約成立により贈与税納税義務が成立すると解すると、成立時の翌年の申告期限から課税権の除斥期限が進行するため、第三者及び課税庁に贈与の事実が判明した時点では、課税の機会が失われてしまう。

口頭で贈与契約を締結したままで、履行や登記をせずにその後も無申告のままでいれば、除斥期間を経過することから、結果として租税回避となってしまうこともあり得る。つまり、課税上は、課税適状時説が望ましいように考えられている。

本事案にあてはめてみると、本件土地は、納税者が主張するように、母は名義だけで父が実質の所有者であるならば、父は既に故人であるため本件土地は

相続財産であるともとれる。本件土地の所有者の名義を母から納税者のいう本来の所有者である父に変更しなかったのは，相続税対策によるものかどうかまでは定かではないが，母が本件土地の名目上の所有者であるとするなら，本件土地を母の名義として所有権移転登記した昭和27年時点がそもそも最初の贈与の時期と考えられないだろうか。

　しかし，現実には，除斥期間をすでに経過しているため，贈与税を課税することは不可能であろう。となると，実際に平成9年に母から納税者に本件土地の所有権移転登記があった時点で贈与があったとみなすのは，課税適状時説からみて当然ともいえる。さらにいえば，贈与の意思がないのに所有権移転登記が行われることは通常考えられない。

　本件土地の購入時における父の立場とその判断は，説得力がある。しかし，その後の経緯と納税者らの対応を踏まえると，一貫性，整合性に疑義が出てくる状況もある。当初はともかく，時間を経るとともに租税回避の意図が見え隠れすると感じるのは，筆者だけではないだろう。

（参考）
　国税不服審判所　平成12年10月19日裁決（ＴＡＩＮＳ検索番号Ｊ60−4−40・ＴＫＣ文献番号26011500）

Case07：預金口座の名義と原資（財産の帰属と贈与の時期）

事実の概要

本事案は、①納税者甲、乙の名義となっていた各定期預金が平成8年1月15日に死亡した納税者らの父の相続財産であるか否か、②各定期預金が本件相続開始前3年以内に父から納税者らに贈与されたものであるか否かを争点とする内容である。甲、乙は、父の共同相続人であり、父母はそれぞれ公立学校の教職員であった。

父及び納税者らは、平成7年1月4日に納税者らの母が死亡したため、母名義の定期預金を納税者らが相続する旨の「相続関係届書」と題する書面に、各自署名押印の上、平成7年3月29日付でA信用組合に提出した。

本件の相続税申告書には、父名義の定期預金が相続財産として計上されている。また、母の相続時の相続税申告書には、母名義の定期預金が相続財産として計上されている。

これに対して、課税庁は、平成7年3月29日現在における父、母、納税者ら及び甲の配偶者の名義であるA信用組合の各定期預金から母名義の定期預金を除いた残りの定期預金は、父に帰属していたものと認められるとして更正処分を行った。

納税者の主張

本件定期預金は、次のとおり、各名義人に帰属するものであるから、原処分は取り消されるべきである。
① 定期預金の届出印と相続関係届書に押印した印鑑が異なるのは、定期預金の届出印は認め印であり、相続関係届書に押印した印鑑は実印であるから当

然である。
② A信用組合に預金口座を設定したのは、当時預金利率が他の金融機関よりかなり高かったことが最大の理由である。
③ 定期預金の満期日がすべて同一日となっているのは、父母及び納税者らが相談の上、預金利率の交渉を有利にすることを目的としたためであって、資金の管理運用面から見れば自然で合理的なことである。
④ A信用組合の定期預金の書換手続の際、甲だけでなく甲の配偶者も同席してA信用組合職員と交渉している。また、甲名義の定期預金はもともと甲夫婦が所有し、管理しているものである。
⑤ 乙は、満期書き換え等の手続はしていないが、乙名義の定期預金の運用については、随時母と相談しており、乙が自己のものとして管理し、所有するものである。

課税庁の主張

定期預金は、下記の事実により、贈与前にすべて父及び母に帰属しているものと認められる。
① 父と母には退職までほぼ同等の収入があったこと。
② 納税者らが金融機関に提出した相続関係届書に使用した印鑑と預金証書の印鑑が異なること。
③ 本件全定期預金の満期日が同一日であること。
④ 金融機関職員の申述によると、母が本件全定期預金の印鑑を所有しており、この母のみに会って、その指示の下で取引をしていたこと。
⑤ 本件全定期預金は、出金されることはほとんどなく、納税者らがその資金を提供したり、あるいはその一部を費消したことを裏付ける事実はないこと。
⑥ 納税者の申述によると、母が納税者らの名義を自由に使用し、本件定期預金をすべて一体のものとして管理していたこと。
したがって、母の相続税の申告書に計上されている母名義の定期預金が本件

定期預金のうちの約42％を占めることから、本件全定期預金から母名義の定期預金を除いた残りの定期預金は父に帰属するものである。

審判所の判断

　課税庁は、本件全定期預金は贈与前にすべて父及び母に帰属していたと主張するが、上記課税庁の主張での④、⑥の事実は、本件全定期預金がすべて母に帰属することの根拠にはなり得ても、父に帰属することの根拠とはならず、上記⑤の事実は、定期預金の帰属先を推定させる一事情に過ぎない。

　また、父と母には退職時までほぼ同等の収入があったことは、両者にそれぞれ固有の財産形成があったことを推測させる事実ではあるが、そのことのみをもって、本件全定期預金の具体的な帰属を推測することはできない。

　加えて印鑑の相違や定期預金の満期日が同一日であることは、本件全定期預金の帰属の判断をする根拠として希薄であるばかりか、金融機関職員の原処分庁に対する答述は審判所に対する答述内容と食い違っている上、預金証書の裏書の筆跡からみても生前亡母一人が本件全定期預金を管理していたと認定することはできない。

　また、課税庁は、本件全定期預金から母名義の定期預金を除いた残りの定期預金は父に帰属する旨主張するが、①勤続年数による収入金額の考慮がなされていないこと、②退職後15年間の資産形成の経過が不明であることから、この主張は採用し難い。

　以上のことから、本件定期預金が父に帰属していたとは認められないから、①納税者名義の定期預金を父の相続財産であるとする更正処分、②相続人甲及び乙名義の定期預金を平成７年中に父が贈与したとする主張は理由がなく、課税要件事実を欠く違法なものである。

研　究

　周知のとおり，贈与税が課される財産には，民法の規定に基づき贈与により取得した財産と相続税法上の規定に基づき贈与により取得したとみなされる財産がある。

　財産の贈与については，一般に夫婦や親子など親族間で行われることが多く，外部からはわかりづらいため，贈与の事実をめぐって課税庁と納税者との間での税務トラブルは少なくない。特に，預貯金については，その名義のみでは判断することは容易ではないため，税務調査において重要な項目の１つとなっている。

　本事案では，課税庁は，納税者の父と母には退職までほぼ同等の収入があったこと，納税者らが金融機関に提出した相続関係届書に使用した印鑑と預金証書の印鑑が異なること，本件全定期預金の満期日が同一日であることなどから，相続税の更正処分を行っている。

　つまり，A信用組合には，この家の父，母，同家の子である甲，乙，そして甲の配偶者の５人名義の定期預金が存在した。母の死亡に際して，母名義の定期預金は甲と乙が相続している。約10ヶ月後の父の死亡においては，父名義の定期預金は同様に甲と乙が相続した。これに対して，課税庁は，母の死亡時に存在した甲，乙及び甲の配偶者名義の各定期預金の原資は，父の収入であると推定している。父母の収入，印鑑及び預金の満期期日などが，その根拠となっている。明確にはされていないが，実務的には，甲，乙，甲の配偶者の収入や定期預金の入金経路なども調査対象となったと思われる。

　しかし，これについては，本件全定期預金がすべて母に帰属することの根拠にはなり得ても，父に帰属することの根拠とすることにはやや厳しいものがあるのではないかと思われる。審判所は，その預金の管理運用や使用収益の状況及び形成の経緯等を把握し，その実質に基づいて総合的に判断した。

　結局，預貯金の帰属については，その原資が重要な判断基準となる。贈与の有無や贈与の時期については，具体的事実関係に基づいて個別に判断される。

預貯金の管理運用や使用収益の状況及び形成の経緯等を把握し，その実質に基づいて総合的に判断することが重要といえるだろう。

（参考）
　国税不服審判所　平成13年3月29日裁決（ＴＡＩＮＳ検索番号Ｆ０－３－006・ＴＫＣ文献番号26011550)

Case08：贈与の時期（借地権の無償設定）

事実の概要

　納税者が出資の大半を有するY社が，納税者の父が所有する土地に関して，Y社と父との間で賃貸借契約の結ばれた平成13年5月に，借地権の無償設定を受けたことに伴い，同社の出資の価格が増加したとして，その経済的利益を受けた納税者に対し，課税庁が平成13年分の贈与税の決定処分を行った。

　平成12年1月と同年9月にY社は建築会社との間に，土地における共同住宅の建設工事に係る工事請負契約を締結した後，平成12年3月と同年9月にY社と父との連名で，共同住宅の建築を目的とした賃貸借権を設定する旨の農地転用届出書を農業委員会に提出し，同日受理されている（農地転用届出書には，父の使用承諾書が添付されている）。

　また，土地の賃貸借に当たり，権利金相当額の授受は行われておらず，Y社及び納税者の所轄税務署長に対し，無償返還の届出書は提出されていない。なお，父は，平成15年4月に死亡している。

納税者の主張

　借地権の設定に伴う利益の発生時期は，「農地転用許可のあった日又は当該届出の効力が生じた日後に贈与があったと認められる場合を除き，当該許可のあった日又は当該届出の効力が生じた日によるもの」（相基通1の3・1の4共-10）と定められており，農地転用の届出日である平成12年3月が本件借地権の設定の時期である。

　また，土地に係る開発許可及び農地転用許可には，土地所有者である父の同意が必要であり，父より使用承諾書を付されており，法人税基本通達13-1-7によると，「使用貸借により土地の貸借を開始した場合にも無償返還の届出書

の提出がない場合は、権利金の認定課税を行うこととしている」ことからも、その時点で父がY社に対し、口頭により土地の使用を許可していると認められ、平成12年3月以前に本件借地権の設定があったものと認められる。

仮に、本件借地権の設定の時期が、農地転用の届出の日でないとしても、法人税基本通達2－1－14には、「固定資産の引き渡しのあった日が借地権の設定があった日」であると定められており、平成12年4月には造成工事は完了しており、同日以前に借地権の設定があったものと認められる。

いずれにしても、借地権の設定に伴う利益の発生時期は、平成12年3月以前であるから、課税処分は違法である。

課税庁の主張

土地の賃貸借契約の締結日である平成13年5月以前に、納税者とY社の間で、Y社が土地を使用することについて、口頭により合意があったことが窺われるものの、具体的な賃貸期間、賃料、賃貸面積等の内容は賃貸借契約があって成立するものと認められるから、使用に関する合意のみをもって、土地の賃貸借契約が成立したものとは認められず、土地に係る借地権の設定時期は、土地の賃貸借契約の締結日である平成13年5月であると認められるから、平成13年5月に、借地権の無償設定を受けたことに伴い、同社の出資の価格が増加したとして、その経済的利益を受けた納税者に対し、平成13年分の贈与税の決定処分が行われたことは適法である。

審判所の判断

土地の貸借がY社とY社代表取締役の父という特殊な関係者の間で行われたものであるということからみれば、土地の賃貸借契約書の締結時まで、土地の貸借に関し、具体的な内容が決まらないままの状態が継続していたとしても、そのこと自体には不都合がなく、不自然なこととも認められない。

また，農地法上の届出書には，父およびY社の連名により，共同住宅の建設を目的とした賃借権を設定する記載があり，仮に，賃貸借契約書が締結される前の間に，賃借が開始されていたとしても，基本的にその後に締結される賃貸借契約が前提であるため，本件借地権の無償設定があったのは，本件土地賃貸借契約書における賃貸借開始の日である平成13年5月であるといわざるを得ない。

研　究

　本事案の場合，農地移転の許可を提出していることは間違いないが，賃貸借の具体的な内容等に関しては，賃貸借契約の締結された平成13年5月以前に，賃貸期間，賃料，賃貸面積，権利金の有無等に関して，事前に確認できる書類等も存在せず，結果として賃貸借契約によってのみ確認できる。

　仮に，農業委員会に農地転用の届出を行った時点で，賃貸借契約の内容を具体的に定めた契約書の締結を行い，契約内容に基づいた賃料の支払等を継続的に行っていれば，農業委員会に書類を提出した日に贈与があったものとされ，被相続人の相続財産に，借地権の無償設定に伴い贈与を受けた財産が，相続税の遺産額に加算されずに済んだ可能性がある。もちろん，契約書には，権利金の有無の記載はもちろんのこと，権利金が発生しない場合，所轄税務署に対し，無償返還の届出を提出するかどうかの判断が必要であることはいうまでもない。

　本事案のように，贈与時期の判断に関して，賃貸借に関する具体的な内容が事前に決まっていないとして，納税者が主張する「実質的に借地権の移転が行われたとされる時期」ではなく，「賃貸借契約書の締結日」が重視されるのであれば，贈与の時期や内容をはっきりとさせるためにも，実質的に借地権の移転が行われた時期に，賃貸借契約書の実質的な取り交わしを行っておくことはもちろん，それに伴うみなし贈与等が発生する場合，当該内容に関する贈与税の申告についても，納税者が自発的に行っておくなどの対策が必要となる。

（参考）
　国税不服審判所　平成20年５月30日裁決（ＴＡＩＮＳ検索番号Ｊ75－４－29・ＴＫＣ文献番号26012199)

Case09：贈与税の事実（財産分与）

事実の概要

① 納税者は，昭和初年ごろより故人Ａの世話になり，同22年ころよりはＡと同じ家屋に居住し，その身のまわりの世話をしていた。昭和41年に故人が病床についてからは終始その付添看病をし，他方Ａは昭和2年に妻Ｂが死亡した後は再婚することなく，家庭では納税者を妻として扱いその生活を維持してきた。しかし，納税者とＡとの間に婚姻届は出されていなかった。Ａは昭和47年3月に病死し，納税者はＡの相続人らの意向によりそれ以降Ａの従前の居宅を出ている。

② Ａの相続人らは，生前のＡと納税者との間に関係があり，Ａの没後相続人らが納税者の生活を維持していないことを考慮すると，納税者に対し当面の生活に必要な金員を供与することが適当と考え，昭和47年春ごろ納税者に対し300万円を支払った。

③ Ａの相続人らは，納税者に金銭を支払うことによって納税者がＡの財産について何らかの主張をする可能性を打ち切らせたいと考え，Ａの相続人らと納税者の双方が弁護士を代理人として交渉を続けた。

④ 納税者は，Ａと納税者との関係は内縁関係であるから，Ａの広大な居宅についての居住権，財産分与請求権，慰謝料請求権があり，付添看護料請求権もある等を主張して，1,000万円（既に交付した300万円を含む）の支払いを要求していた。

⑤ Ａの相続人らは納税者が相続人らに対し納税者主張のような法律上の権利を有していると信じていたわけではないが，納税者主張の額を支払うことによって，Ａの相続人や関係先等に対する納税者の一切の財産上の請求を打ち切らせることが利益であると考え，1,000万円（既に交付した300万円を含む）の支払いを承諾することとした。

⑥ そこで，納税者とＡの相続人らとは昭和47年12月26日，次のとおりの合意に達して，覚書を作成し署名押印した。ⓐＡの相続人らはＡの

死亡に際し納税者に対し1,000万円を支払うこと（既に交付した300万円を含む），ⓑこの支払金には，A存命中における納税者の貢献その他一切の事情に対する補償を含むこと，ⓒ納税者は金員の受領によりAに対し何らの権利のないこと，その相続財産に対し何らの権利のないこと，並びにその相続人ら全員に対し何らの権利のないことを確認し，今後いかなる理由，名義をもってするも何らの請求，若しくは異議申出をしないこと，ⓓ納税者はAの相続人ら全員，かつてAが社長を務めその後相続人が社長を務める株式会社等に対し今後何らの関係を有しないこと。
⑦　Aの相続人らは上記⑥の合意に基づき，上記合意の1,000万円のうち既に支払った300万円を除く残余の700万円を即日支払った。
⑧　納税者は，昭和47年分贈与税について申告をしなかったところ，課税庁は昭和47年7月2日付で納税者の昭和47年分贈与税につき贈与税額4,285,000円，無申告加算税額428,500円とする贈与税決定及び無申告加算税決定をし，そのころその旨の通知書を納税者に送達した。

納税者の主張

①　納税者は戸籍上の婚姻こそしていなかったがその関係は内縁関係であった。Aが病没したのち，納税者の代理人弁護士は納税者がA又はその相続人らに対し法律上の権利（①財産分与請求権，②建物居住権ないし立退料請求権，③付添看護料請求権，④慰謝料請求権）を有していることを主張し，Aの相続人らの代理人弁護士と交渉の上これらの権利又はその放棄の対価として1,000万円を授受する合意がされたものである。したがって，右金員の支払いには対価性があり贈与に因るものではない。
②　贈与税を課するには，課税庁において納税者とAの相続人らとの間に右の

ような金銭を授受すべき実質的関係が全く存在せず，当事者間において対価なく財産を与える意思を有していたことを立証しなければならないが，そのような立証はされていない。

課税庁の主張

① 納税者とAが内縁関係にあったとしても納税者が主張する法律上の権利は生じないことから，納税者主張の事情は贈与の動機となったにすぎない。
② Aは生前納税者に対し生計に必要な収入源たる資産を贈与していることからすると，本件の金員は倫理上の要請とは異なった純粋な愛情を動機とするものと認めるほかはなく，贈与であることには全く疑問の余地がない。
③ 以上の事実関係より，Aの相続人らが納税者に対し，対価を伴わず無償で金員を与える合意，即ち相続税法に規定する贈与にあたるものである。

裁判所の判断

① 納税者が先に受領した300万円について
　ⓐ支払いの動機，ⓑ貢献に対する報償をも含むと合意されていること，ⓒ納税者には請求原因である法律上の権利がないと考えていたこと，ⓓ納税者よりの要求がなかったこと，ⓔ受領と引換えに何らかの約束をしたことが認められないこと，ⓕ合意は300万円の支払後にされたものであること，を理由としてAの相続人らが納税者の生前のAに対する貢献に対し感謝する動機で法律上の対価はなく支払われたものである。したがって，合意は300万円の支払いに関する限度では贈与であると認めるのが相当である。
② 後から支払われた700万円について
　相続人らは，納税者より納税者のA，相続人らに対する一切の権利の存しないことの確認（この確認は同時に，この権利が仮に存在していた場合にはこの権利を放棄する趣旨と解される）が得られなければ，合意をして700万円を支払う

ことはしなかったものであることは前認定のとおりであるから，納税者の右権利不存在確認，放棄は，相続人らの700万円の支払合意と対価関係にあるというべきであって，合意のうち700万円の支払約束は無償で対価なくされた贈与契約ということはできない。したがって，納税者の700万円の受領は相続税法にいう「贈与に因る」ものということはできない。
③　財産の取得が相続税法にいう「贈与」（同法3条ないし9条による贈与とみなされるものを除く）に因るものであるかは民法における贈与と同様に当事者の意図によって定められるべきものであって，本件のように当事者が，ある権利の不存在確認，放棄を金員支払約束の対価とした場合に，その権利が客観的に存在していたか否かは，当事者の対価とする意図が仮装のものではないかの事実認定に影響し，あるいは相続税法7条によりその金員支払いが贈与に因るものと擬制されるかの判断に影響することがあるとしても，それ自体が相続税法の「贈与」性の判断に直接影響を与えるものではない。
④　本件において，納税者は対価合意が仮装のものである旨の主張はしていない，しかも前記認定事実によれば納税者はAの内縁の妻であったから従前Aと同居していた居宅にA死亡後も居住する権利があるとAの相続人らに主張したことには全く理由がなかったとはいえないのであり，また当事者双方が弁護士を代理人して交渉したことなどを考慮すると本件全証拠によるも，前記の権利不存在確認，放棄を対価としたことが仮装のものとは認められない。
⑤　合意には納税者のAに対する貢献への報償とする趣旨が含まれていた，700万円の支払いは贈与に因るものといえないことは前判断のとおりである。
　以上判断のとおり前記1,000万円の支払いのうち300万円は贈与に因るものと認められるが，残余の700万円は贈与に因るものとは認められない。

研　究

①　相続税法上の「贈与」とは，相続税法における民法からの借用概念として民法の概念と同義に解釈することが望ましいとされている。そのため，相続税法が規定する「贈与」の意味は，民法549条が規定する「贈与は，当事者

の一方が自己の財産を無償で相手方に与える意思を表示し，相手方が受諾をすることによって，その効力を生ずる。」と同じ意味として解する。そこで，本事案の金員の支払いが，財産を「無償」で与えるに該当するか否かが問題となる。贈与契約（民法549条）の「無償」とは，相手からの反対給付なしに，「ただで財産をあげる契約」と解されている。本事案では，相続人らから納税者への金員の支払いが「純粋な愛情を動機」とする「贈与契約に基づくもの」なのか，「対価の支払い」としての「報酬契約に基づくもの」なのかが争点となった。

　裁判所は，証拠により最初の300万円を支払いの動機，法律上の権利の存在，納税者側の意思，当事者間における契約の有無について検討し，貢献に対し感謝する動機で法律上の対価はなく支払われたと認定し，「贈与」に該当すると判断した。そのうえで，合意契約後の700万円は法律上の対価性があり「贈与」に該当しないとした。しかし，40年以上の歳月を現実的な夫婦として過ごし，扶養を継続されていた内縁の妻である納税者に対して，故人Aの長男等の相続人らが当面の生活費として交付した300万円と，後の合意による700万円とを一連の取引と考えず，2つに区分した事実認定に疑問が残る。

② 　内縁の妻の相続税法上の問題については，確かに，民法は内縁の妻に相続権を一切認めてはいないが，本事案では相続人らによる扶養義務の承継があったと解することにより結果の妥当性を図る必要があったのではないだろうか。

③ 　本事案は地裁で判決が確定し，300万円と700万円に金額を分かち納税者と課税庁の痛み分けでの幕引きとなっている。推測ではあるが，合意書作成に際して，両当事者には贈与税の認識がなかったと思われる。課税実務では，税法を適用する前提となる，権利義務の変動や身分関係の変動の根拠規範である民法を常日頃から熟知することが求められ，客観的事実に基づいた証拠資料の作成とそれを前提とした税法上の納税計画が求められる。

（参考）
　大阪地方裁判所　昭和52年7月26日判決（ＴＡＩＮＳ検索番号Ｚ095-4031・ＴＫＣ文献番号21058870）

Case10：財産分与（離婚の成立時期）

事実の概要

　納税者が離婚を条件として取得することとなっていた土地について、離婚成立前に贈与として所有権移転登記を行い、贈与税の申告をしたが、その後、協議離婚が成立せず、最終的に裁判で離婚が確定した。判決後、当該土地の取得は財産分与に当たるとして、更正の請求（国税通則法23条2項）を行った。納税者が更正の請求をした際、これと併せて提出された平成7年9月25日付の誓約書には、次の事項を条件として協議離婚をすることに合意した旨が記載されていた。

① 　前夫は、離婚後の生活費として年金のすべてを所有し、協議離婚成立後は直ちに別居する。
② 　納税者は、生活費の代価として土地と土地の上に存する家屋を所有する。

　本件では、平成8年3月の登記において、誓約書の内容とは異なり、納税者のほか、納税者の長男、納税者の長女にも土地の持分が贈与されていた。

　前夫は平成8年6月から社会福祉法人G社へ入所したが、G社の事務員から、離婚してもらっては困ると言われたこともあり、離婚手続が進まなかった。

　納税者は平成10年5月頃弁護士と共に前夫のもとへ協議離婚の説明に行ったが、前夫は離婚に同意しなかった。

　その後、調停によっても離婚は進まず、平成11年5月に離婚等請求訴訟を提起、同年11月に離婚の裁判が確定した。

納税者の主張

　前夫から取得した土地は，次の理由から贈与による取得には当たらず，また，離婚等請求訴訟判決により離婚が成立し，財産分与が確定したのであるから，本件更正の請求は認められるべきである。
① 　土地は，誓約書に記載されている条件により取得したものではなく，離婚等請求訴訟判決によって取得したものであるから，財産分与に該当する。
② 　平成8年3月に土地について所有権移転登記を行ったのは，前夫には，いわゆるサラ金からの借入金があり，土地が借入金の返済に充てられるおそれがあったこと及び誓約書により納税者が土地を所有することになっていたことによるものである。

課税庁の主張

　土地は，納税者が前夫から贈与により取得したものであるから更正の請求はできない。
　離婚に伴う財産分与は，離婚を条件に効力が生じることになる。本件の場合，財産分与請求権の効力が発生するのは，前夫との離婚が確定した平成11年11月25日となる。誓約書の内容と異なる贈与は，離婚が成立する以前に行われていることから，財産分与を原因として所有権の移転が行われたとは認められない。誓約書の内容と異なる贈与をしたのは，「分割すれば贈与税が安くなるから」と申し述べていることから，贈与であることを認識していたこともうかがわれる。
　離婚請求の判決は，納税者と前夫の離婚を認めるものであり，贈与税申告に係る課税標準等又は税額等の計算の基礎となる本件贈与の事実関係を変更せしめたものとは認められない。

審判所の判断

(1) 前夫は，異議申立てに係る調査の担当職員に対して，次のとおり申述している。

① 誓約書は，いつ，誰が作成したのか，また，自分が署名したことすらはっきり覚えていない。

② 本件贈与については，知らされていなかった。もっとも，納税者が弁護士と一緒にG社に来たことがあったが，その時に本件贈与の説明を受けたかもしれない。

③ 自分の実印などは納税者が保管していたことから，所有権移転登記をされてしまったようだが，離婚の裁判も終わり，今更何を言っても仕方がないと思っている。本件贈与土地は，離婚の慰謝料として渡したものではない。

(2) 相続税法は，「対価を支払わないで，又は著しく低い価額の対価で利益を受けた場合においては，当該利益を受けた時において，当該利益を受けた者が，当該利益を受けた時における当該利益の価額に相当する金額を当該利益を受けさせた者から贈与により取得したものとみなす」(相法9条)と規定しており，不動産，株式等の名義変更があった場合において対価の授受が行われていないときは，原則としてこれらの資産の贈与があったものとして取り扱うと解される。

財産分与に関しては，婚姻の取消し又は離婚による財産の分与によって取得した財産については，離婚によって生じた財産分与請求権に基づいて給付されるものであり，贈与によって取得するものではない。離婚に伴う財産分与請求権は，当事者間の協議によっても成立するが，財産分与は離婚の効果によって生ずるものであるから，離婚届出前に協議がなされた場合には財産分与は離婚を条件に効力が生じることとなる。

(3) 以上により，次のように審理する。
　① 誓約書が作成されているものの，前夫が離婚に同意しなかったことから，結果として調停でも離婚が成立せず，離婚等請求訴訟判決によって離婚が確定したことが認められる。
　② 前夫は，贈与したことについて同意はしたものの，離婚に伴う財産分与又は慰謝料として渡したとの認識はなかったことからすると，そもそも前夫は当初から離婚する意思はなく，誓約書に記載されている内容を履行する意思はなかった。
　③ 納税者は，誓約書に記載されている協議離婚の条件とは異なる所有権移転登記に伴って，原処分庁の職員の指導に基づき，贈与税の申告書を作成し，所轄税務署へ提出していること及び昭和59年に前夫から贈与を受けたときには，贈与税の申告書を提出していることからすると，贈与に当たることを認識していたものと認められる。
　④ 納税者は，前夫との離婚を希望していたことはうかがえるものの，G社の事務員に言われ，平成8年6月以降，離婚を思いとどまっていたこと，平成11年12月までは，前夫の年金を生活の糧としていたことからすると，本件贈与が行われたときは婚姻中であったことはもちろん，その後も，納税者自身も婚姻生活を継続していくことに同意していたことが認められる。
　⑤ 納税者は，本件贈与は財産分与である旨主張するが，離婚が，協議離婚ではなく，離婚等請求訴訟判決により確定したものであることからすると，本件贈与については，財産分与ということはできない。よって相続税法9条の規定により，贈与として取り扱うことが相当である。
　⑥ 本件更正請求についてみると，納税者の提起した訴訟の内容は離婚を求めるものであり，離婚等請求訴訟判決によって財産分与の額が決定したものではなく，また，本件贈与を財産分与と認定したものでもないから，国税通則法23条2項の規定を適用することはできない。
　そうすると，本件更正請求は国税通則法23条1項の規定により，その国税の法定申告期限から1年以内に提出すべきところ，本件更正請求は，その期

限である平成10年３月16日を徒過して提出されたものであるから，期限の徒過を理由として更正をすべき理由がない旨の通知を行った原処分に違法はない。

研　究

　財産分与とは，民法768条に「協議上の離婚をした者の一方は，相手方に対して財産の分与を請求することができる」と定められており，財産分与請求権の内容として，第１に位置づけられるのは，夫婦間での共同財産の清算である。

　また，配偶者の一方が経済的に弱者である場合には，扶養もしくは財産上の不均衡の是正が加味され，一方の有責性によっては，慰謝料としての損害賠償請求権が事情に加味される。

　離婚に関しては，夫婦のどちらにも有責性がない場合もあり得るので，財産分与は損害賠償とイコールではない。

　民法は夫婦別財産制（民法762条①）を採用しており，財産分与といっても，共有の推定が働く共有財産（民法762条②）であれば，単なる分割であるので，課税関係は成立しない。しかし，不動産や有価証券，預貯金等の名義が問題になる特有財産(夫婦の一方が単独で有する財産)の移転は，真実の所有者の立証（妻名義の不動産であったが，夫の所得で購入したことが証明されたような場合）をなし得ない限り，資産の譲渡と位置づけられる。分与財産が預貯金の場合には課税されないが，譲渡所得の基因となる資産の場合には，その時の時価で譲渡したものとして，分与者に譲渡所得税が課税（所基通33－１の４）される。

　本事案の場合，審判所は前夫の意思を確認した後に，財産分与ではなく，贈与であると認定した。財産分与請求権は，離婚成立の効果として発生する。離婚成立前の財産分与は，原則として贈与として取り扱われるが，意思表示の如何によっては，その後の結果にも影響を及ぼす。国税徴収法39条には，無償又は著しい低額の譲受人等の第二次納税義務が規定されており，離婚成立前の財産分与は，贈与とされるため，この規定に該当してしまうおそれがある。財産移転時において，離婚の意思の合意と，贈与が慰謝料としての財産分与である

ことを夫婦共に合意している証拠を残すことが必要である。

（参考）
　国税不服審判所　平成13年3月30日裁決（ＴＡＩＮＳ検索番号Ｊ61－4－42・ＴＫＣ文献番号26011552）

Case11：財産分与

事実の概要

　納税者は，昭和40年4月18日に夫Aと婚姻し，平成4年6月8日に離婚届を提出した。納税者とAは平成4年5月22日付で，①Aと納税者と協議離婚すること，②離婚に伴う財産分与及び慰謝料としてAが納税者に不動産10筆を分与することを内容とする合意書（「平成4年合意書」）を作成した。

　その後納税者とAは，平成8年7月10日付で，①Aから納税者に対し財産分与として不動産4筆を譲渡すること，②Aから納税者に支払われた平成5年の＄99,567，平成7年5月の＄188,114.27及び同年6月の＄484,191.32を慰謝料と確認することを内容とする合意書（「平成8年合意書」）を作成した。

　また，平成元年11月に購入したF株式会社株57,000株をK証券のA本人の名義の口座で管理していたが，平成7年10月に57,000株のうち17,000株をN証券の納税者名義の口座に入庫し，残りの40,000株はB名義（Aの借名口座）に入庫し，その後，平成7年12月6日にそれぞれの名義の口座でF株式を売却した。これら株式の売却代金を原資として，G株式1,000株及びH株式1,000株が購入された。

　課税庁は離婚に伴う財産分与等の合意として作成された平成4年合意書により，財産分与や慰謝料の支払は終了しているとして，平成8年合意書に基づいてAから納税者に交付された現金を贈与として，平成5年分及び平成7年分の贈与税の各決定処分及び無申告加算税の各賦課決定処分を行った。

納税者の主張

1 現金の授受について

　平成4年合意書において，納税者とAは不動産を中心とした財産分与を予定して包括的な合意事項をまとめ，不動産の所有権移転登記手続を行ったが，これは，将来の財産分与請求権を担保する目的で行ったもので，実際は，権利証はAが所持し，賃貸収入も同人が受領しており，この平成4年合意書によっては，納税者への財産移転の経済効果は発生していない。

　平成4年合意書作成後納税者はAに対し不動産の権利証の交付やAを債務者とする担保権の抹消を何回も請求したが応じてもらえなかったので，合意書を作り直すことにし，平成8年合意書を作成して，離婚に伴う財産分与及び慰謝料の支払として納税者が4筆の不動産及び現金を受領することを確定させた。

　現金は協議離婚に伴う財産分与ないし慰謝料として，平成8年合意書に記載のとおり支払われたものであり，贈与を受けたものではない。

2 株式取得資金について

　納税者は，昭和61～62年頃貸付金の返済金として約4,000万円を受領し，その金員を原資として平成元年にK証券でA名義の借名口座を開設してF株式を購入し，同口座に入庫した。口座名義をAとしたのは，取引約定書の書類審査上，女性や主婦の場合は審査が通りにくいというK証券の説明に従ったものである。その後，平成7年にN証券の納税者名義及びA名義の口座へ入庫し，同年12月にそれぞれの名義で売却し，その代金でG株式及びH株式に買い換えた。したがって株式取得資金は，納税者が所持していた株式の売却代金であって，Aから贈与を受けたものではない。

課税庁の主張

1　現金の授受

　納税者とAは，平成4年合意書を作成しているが，この合意書では，不動産の財産分与についてのみ合意されており，不動産の財産分与のほか名目のいかんを問わず相互に財産上の請求はしない旨記載されている。また，納税者とAは，平成8年合意書を作成し，現金（34,965,684円）が離婚に伴う慰謝料の支払である旨確認しているが，この合意書は平成4年合意書と内容が異なっており，また，一般的に，合意書が作成された後に金員が支払われるべきであるにもかかわらず，本件では上記のとおり金員が支払われた後に作成されている。したがって，平成4年合意書により離婚に伴う財産分与や支払は終了しており，平成8年合意書は，離婚とは関係なくその後の事情の変化により不動産と金員を動かすという新たな契約として作成されたものである。したがって，本件現金は，平成4年合意書に基づいた協議離婚に伴う慰謝料ではないから，納税者がAから贈与を受けたものである。

2　株式取得資金

　Aは，平成元年11月に購入したF株57,000株をK証券の本人名義の口座で管理していたが，平成7年10月に57,000株のうち17,000株をN証券の納税者名義の口座に入庫し，残りの40,000株をB名義の口座（Aの借名口座）に入庫し，その後，平成7年12月にそれぞれの名義の口座で上記F株を売却し，その売却代金32,264,878円を得た。納税者はAから売却代金のうち30,019,934円を受領し，これらを原資としてG株式及びH株式を購入した。したがって，株式取得資金30,019,934円，納税者がAから贈与を受けたものである。

審判所の判断

1 現金の授受に関して

　課税庁は、平成4年合意書が離婚に伴う財産分与等の合意として真実かつ最終のものであり、これに記載されていない現金は、離婚とは関係なく交付されたもので、慰謝料に当たらない旨主張する。しかしながら、合意書を作成した平成4年当時、Aが納税者に対し、確定的な財産分与として同合意書に記載された不動産所有権を移転する意思を有していたとはいえないから、同合意書により離婚に伴う財産分与や慰謝料の支払が全て終了したということはできない。

　また、本件第二の平成8年合意書は、平成4年合意書よりも財産分与の対象になる不動産を減らす代わりに、現金を慰謝料として追加したものであるが、その金額等の内容についても納税者とAの婚姻期間が31年間に及んでいること、離婚についてはAに帰責性があることを鑑み、格別不自然不合理なものとはいえない。したがって、本件平成4年合意書により、離婚に伴う財産分与や慰謝料の支払は終了していることを前提として、現金交付の趣旨はAから納税者に対する慰謝料の支払ではなく、贈与であるとの課税庁の主張は理由がない。

2 株式取得資金

　課税庁は、Aが平成元年11月に購入したF株式57,000株の売却代金の一部が、平成7年12月に株式取得資金として、Fから納税者に贈与されたと主張する。そこで、株式取得資金の原資とされるS株式の帰属について検討すると、Aが平成元年に購入し、その名義どおり同人に帰属するものと認められるとしても、そのうち17,000株については、その後、平成7年10月にN証券の納税者名義の口座に入庫されたと認められるから、上記納税者名義の口座がAの借名口座である等の事情が認められない限り、この時点で、同F株式については、Aから納税者に対して贈与されたものと推認でき、残り40,000株についても、平成7年10月にB名義の口座に入庫されていることから、これらがAの借名口座に入庫されていることから、これらがAの借名口座である等の事情が認められない

かぎり，同様に，この時，各人に対して贈与されたと推認できる。
　上記の納税者及びB名義の各口座がAの借名口座であることを裏付けるような具体的な資料はなく，F株式の入出庫の状況からすると，納税者が平成7年にAから本件株式取得資金の贈与を受けたという課税庁主張の事実を推認することはできず，他に課税庁主張の事実を認めるに足る証拠はない。
3　結　　論
　以上のとおり，納税者がAから現金及び株式取得資金の贈与を受けたとは認められないので，各年分の贈与税の本件決定処分の全部の取消しに伴い，その全部を取り消すべきである。

研　究

1　婚姻の取消又は離婚により財産の取得があった場合

　婚姻の取消又は離婚による財産の分与によって取得した財産は，贈与により取得した財産とはならない。民法768条，771条では，婚姻の取消又は離婚があった場合には，夫婦の一方は，相手方に対して財産の分与を請求することができることになっている。協議上の離婚も同様であるが，財産分与請求権は，一般に，①夫婦共同生活中に生じた共通の夫婦財産の精算分配，②離婚配偶者への離婚後の生活についての扶養，③離婚を惹起した有責配偶者の離婚そのものに起因する相手方配偶者の損害賠償，つまり，慰謝料の3つの性質を有しているといわれている。③の慰謝料については，財産分与とは別個のものであるとする限定説と，財産分与に含まれるとする包括説とに分かれる。昭和46年7月23日最高裁判決では，財産分与は夫婦が婚姻中に有していた実質上共同の財産を精算分配し，離婚後における一方の当事者の生計を維持することを目的とするもので，財産分与権は慰謝料の請求権とはその性質を必ずしも同じくするものではないとして，限定説が通説となっている。
　また，離婚を手段として贈与税又は相続税のほ脱をはかる場合もあり得る。その分与に係る財産の額が，婚姻中の夫婦の協力によって得た財産の額や，その他一切の事情を考慮してもなお適当であると認められる場合における，その

適当である部分又は離婚を手段として，贈与税もしくは相続税のほ脱をはかると認められる場合におけるその離婚により取得した財産の価額は，贈与によって取得した財産とみなして取り扱う（相基通9－8）。

2　財産分与決定後の慰謝料の請求

　財産分与が決定した後に慰謝料の請求があった場合の認否について，財産分与額の決定に当たっては慰謝料の給付も含めて決定することができるとし，財産分与において損害賠償部分も含めて給付された後に慰謝料の請求があったときは，前にされた財産分与により精神的苦痛をすべて補填されたと認められるときは重ねて慰謝料の請求は認められない。

　逆に言うと，すでに財産分与が行われているとしても，その額及び方法において請求者の精神的苦痛を補填するに足りないと認められる場合には，別個に慰謝料の請求を妨げないと考える。判例でも「裁判上の離婚を請求する者はこれに付帯して離婚に基づく損害賠償及び財産分与の双方を併合して請求することを妨げず」（最高裁昭和53年2月21日判決）とし，限定説を採用しているものの実質的には包括説を採用していると考える。

3　本事案について

　本事案についてみると，課税庁は「平成4年合意書」で財産分与が決定した旨を主張している。財産分与決定後の慰謝料の支払は贈与との限定説に沿ったものと思われる。仮に，その「平成4年合意書」で財産分与が決定したとしても，Aは納税者への不動産の所有権の移転登記を行っておらず，権利証や物件の引渡しなども行っていないことからも，財産分与や慰謝料の請求者，つまり納税者の精神的苦痛を補填するに足るだけの財産分与が現実に行われていない。

　「平成4年合意書」は完全に履行されていないため，「平成8年合意書」によって財産分与を実現させるようにしたのである。

　実際に財産分与と慰謝料を包括的にとらえ，財産分与や慰謝料の支払が実行されなければ，財産分与や慰謝料の請求をするのは当然であり，判例でも示しているように，精神的苦痛を補填するに足りない場合は別個に請求することも妨げないとされる。また，離婚の原因の1つにAの女性関係もあげられている。

となれば，贈与税のほ脱ともいいきれないであろう。課税庁は，財産分与と慰謝料とを分け，当初の「平成４年合意書」ですべて財産分与が終了しているとの限定説に立ったものであると思われるが，事実認定に終始した主張である。現金の授受といった事実認定だけでなく，財産分与と精神的苦痛の補填のための慰謝料とを包括的にとらえれば，審判所の判断は妥当ではないか。

（参考）
国税不服審判所　平成14年３月27日裁決（ＴＡＩＮＳ検索番号Ｆ０－３－046）

Case12：贈与の意義（書面による贈与）

事実の概要

① 納税者は，甲が所有する土地建物を，将来（昭和56年3月末日まで），納税者に贈与する旨を記載した，昭和51年7月6日付の書面覚書等（公証人役場の昭和51年7月31日の確定日付が押印されている）を有していたが，甲が後に贈与を翻意したことから，土地建物が納税者の所有であることの確認及び土地建物の所有権移転登記手続を求め，甲を被告として地方裁判所に訴を提起した。贈与の効力等に関する訴訟は，12年余りの年月を経て，最高裁判所により，贈与の事実を認め，土地建物が納税者の所有であることを確認し，甲が納税者に対し，昭和51年7月6日贈与を原因とする所有権移転登記手続をすることを命ずる判決が確定した。そこで，納税者は，判決が確定したことにより，平成5年8月11日，土地建物について昭和51年7月6日贈与を登記原因とする所有権移転登記手続を行った。

② 課税庁は，納税者が平成5年中に，土地建物を，甲から贈与により取得したとして，納税者の平成5年分の贈与税について，平成8年6月28日付で決定処分及び無申告加算税の賦課決定処分をした。

③ これに対して，納税者は，本件における「贈与による財産の所得の時は」，贈与契約締結の時であり，時効により納税義務は消滅しているとして，異議申立てを経て，平成11年4月12日に審査請求をした。

納税者の主張

① 相続税法第1条の2（現行法第1条の4）は，贈与税の課税要件を「贈与に因り財産を取得した」と規定し国税通則法第15条第2項第5号は贈与税の納税義務の成立を「贈与による財産の取得の時」と規定しているが，「贈与に

よる財産の取得の時」とは，贈与により贈与財産の所有権が受贈者に移転した時であるところ，本件贈与においては，訴訟において認定されているとおり，昭和56年3月31日の経過により土地建物の全部について権利移転の効力が生じているのであるから，この時に贈与税の納税義務が成立したというべきである。

「贈与による財産の取得の時」を，受贈者において贈与財産を現実に支配管理し得る状態になった時とするとしても，贈与は書面によるものであり，この場合，口頭による贈与と異なり，贈与者がこれを取り消すことができず，他方で受贈者は贈与財産を確定的に入手したという期待感を強く抱くことになることを考えると，贈与については，当該贈与の効力発生の時において，土地建物を現実に支配管理し得る状態になったというべきである。

② そうすると，上記①の「贈与による財産の取得の時」が昭和56年3月31日であれば，法定納期限である昭和57年3月15日から5年の経過によって贈与に係る租税債権は時効により消滅したことになる。

課税庁の主張

① 国税通則法第15条第2項第5号に規定する「贈与による財産の取得の時」は，贈与税が贈与による財産権の移転すなわち財産の無償移転による受贈者の財産の増加に担税力を認めて課税される租税であることからすると，単に民法上所有権が移転した時ではなく，贈与による財産の移転が当事者間において確定的に生じたものと客観的に認められる時，すなわち受贈者において当該財産を現実に支配管理し得る状態になった時をいうものと解される。このことからすると，原則として，書面による贈与の場合はその効力の発生の時が，また，書面によらない贈与の場合は当該贈与の取消しの可能性が消滅した時が「贈与による財産の取得の時」というべきであり，通達もその旨定めている。

ただし，通達の定めは，あくまで贈与契約が有効に成立し，当該契約に係

る書面が契約当事者の意思により作成されていることを前提とするものであって、贈与者が贈与契約や当該書面の有効性を争ってその履行を拒み、受贈者において贈与財産の引渡しを受けていない場合には、書面による贈与であっても、当事者間において贈与による財産の移転が確定的に生じたとはいえない。

② 本件において、納税者は、甲が贈与を履行せず、贈与そのものを否定するに至り、訴訟を提起してこれに勝訴しなければ、土地・建物の引渡しを受けることができなかったのであり、最高裁判決の確定により、贈与の有効性と納税者が土地建物を所有していることが確定したのであるから、納税者が土地建物を現実に支配管理し得る状態に至ったのは、最高裁判決が確定した時、あるいは当該判決により、土地・建物について贈与を原因とする所有権移転登記手続をした時というべきである。

したがって、納税者が贈与により土地建物を取得したのは平成5年中ということになる。

審判所の判断

① 証拠資料及び当審判所の調査によれば、甲と納税者は、昭和51年7月6日、甲が納税者に対し、昭和56年3月末日までに土地・建物を贈与する旨の贈与契約を覚書等により締結したことが認められる。

したがって、納税者は、遅くとも昭和56年3月末日までには、書面による本件贈与により土地・建物を取得したことが認められる。

② 贈与税が贈与による財産の移転すなわち財産の無償移転による受贈者の財産の増加に担税力を認めて課される租税であることからすると、財産の取得の時は、単に民法上所有権が移転したといえるかどうかだけではなく、当該財産の支配管理状況に照らし、その移転が当事者間において確定的に生じたものと客観的に認められるかどうかにより判断するのが相当であるが、書面による贈与の場合、口頭による贈与と異なり、履行の終わっていないものに

ついてもこれを取り消すことができないことからすると、当該書面が租税の負担を免れるための方便として作成されたなどの特別の事情がない限り、原則として当該贈与に係る財産の権利移転の効力が生じた時をもって、「贈与による財産の取得の時」というべきである。

そして、本件においては、覚書等が昭和51年7月6日付で作成され、その贈与の時期が昭和56年3月末日までとされながら、12年余りの長きにわたり所有権移転登記手続がなされなかったのは、甲において贈与の効力等を否定し、係争していたことによるものであるから、土地建物の取得の時に直ちに所有権移転登記手続がなされなかったからといって、納税者が覚書等を租税の負担を免れるための方便として作成したということはできないし、当審判所の調査によっても、他に上記の特別の事情をうかがうことはできない。

③ たとえ納税者と甲との間で贈与及び覚書等の有効性について深刻な対立があり、訴訟において長きにわたり係争されたとしても、贈与及び覚書等が有効であり、昭和56年3月31日の経過をもって既に贈与の効力が生じていたと認められるのは、上記①のとおりであり訴訟においてもその旨認定されているところである。

いずれにしても、最高裁判決の確定により、贈与の効力が生じたものではないのであるから、課税庁の主張には理由がない。

以上のとおり、贈与の効力が発生したのは、遅くとも昭和56年3月末日を経過した時であるから、贈与に係る贈与税の課税年分は昭和56年となる。

研　究

① 本事案における争点は、贈与税の納税義務の成立要件である、「贈与による財産の取得の時」(相法1の4、国通法15②五)とは、民法上の『書面による贈与契約』の締結時か、贈与の目的物である土地建物の所有権移転登記の完了時点なのかである。

審判所は、「書面による贈与の場合、口頭による贈与と異なり、履行の終わっていないものについてもこれを取り消すことができないことからすると、

その書面が租税の負担を免れるための方便として作成されたなど特別の事情がない限り，原則としてその贈与に係る財産の権利移転の効力が生じた時をもって『贈与による財産の取得の時』というべきである」との解釈基準を示し，本事案において「12年余りの長きにわたり所有権移転手続がなされなかったのは，甲において贈与の効力等を否定し，係争していたことによるものであるから，土地・建物の取得の時に直ちに所有権移転登記手続がなされなかったからといって，納税者が覚書等を租税の負担を免れるための方便として作成したということはできない」との事実認定を行っている。その結果，「贈与契約書が作成されていることから，遅くても昭和56年3月末日までに土地・建物の「贈与による財産の取得」が完了している」と判断している。

民法上の贈与契約の成立要件は，当事者の一方（贈与者）が無償で自己の財産を相手方に与える意思を表示し，相手方（受贈者）がこれを受諾することである（民法549）。贈与契約の成立については，贈与契約が当事者間の合意のみで成立するとし，諾成契約として構成しており，公正証書の作成等の要式行為を必要としていない。実務上は後に受贈者が受託の意思がなかったことを主張した場合に，贈与契約が成立するための要件事実の認定は，証拠に基づいた証明がされなければならないことから，公正証書の作成をしておくことが重要と思われる。

民法上は，『書面によらない贈与』の撤回（民法550）については，いったん履行されると撤回を認めないという点から「履行の終わった」（民法550但書）の解釈基準がしばしば問題となる。しかし，本事案のような『書面による贈与』については，原則としてその贈与に係る財産の権利移転の効力は，民法549条が規定する「当事者間の合意」の時点となり，原則として撤回の問題が生じないこととなる。しかし，贈与税においては，「当該財産の支配管理状況に照らし，その移転が当事者間において確定的に生じたものと客観的に認められるかどうかにより判断する」こととなる。

② 本事案について審判所は，上記①の事実認定に基づき，「贈与に係る租税債権の消滅時効の起算点は，贈与契約の合意内容を経過した時点であり，課

税庁の処分は，決定の期間制限を徒過した違法な処分として，その全部が取り消されるべきである」と明快に結論づけている。

　本事案において，審判所が『書面による贈与』について「その書面が租税の負担を免れるための方便として作成されたなど特別の事情がない限り」という限定を付した解釈をしていることからも，本事案は，むしろ例外的な事実状態に対して課税庁が通達を形式的に適用した違法な課税処分に対して，正当な判断がなされたものとして高く評価されるものである。したがって，租税の専門家は，納税者に対して租税回避を目的とした不自然さを有する公正証書の作成と安易な不動産登記の先延ばし等の手法についての説明はすべきではないと考える。

（参考）
国税不服審判所　平成12年10月30日裁決（ＴＡＩＮＳ検索番号Ｆ０－３－018）

Case 13：贈与の時期（公正証書作成と登記手続き）

事実の概要

　昭和60年3月14日に，歯科医師である納税者は金融業を営む父親から居住用財産である土地建物を贈与により取得したものとして不動産贈与契約公正証書を作成した。その後，納税者は，平成5年12月13日に昭和60年3月14日贈与を原因とする所有権移転登記を受けた。課税庁は，平成7年7月5日付で平成5年分贈与税決定処分及び無申告加算税の賦課決定処分を行ったため，納税者は異議申立及び審査請求を経て訴訟を提起したのが本事案である。

　争点は，不動産を贈与した時期が，昭和60年3月14日であるか，平成5年12月13日であるかということである。仮に，贈与の時期を昭和60年3月14日であるとするならば，更正決定等の除斥期間である7年をすでに経過したことになる。

納税者の主張

　納税者は，公正証書作成後，直ちに登記手続をしなかった理由については，①父が土地建物を別件滞納処分により差し押さえを受けており，登記をすることにより詐害行為の疑いをかけられたり，公売を強行されることをおそれたが，別件課税処分取消訴訟の継続中にも，順次納税を続けたため，平成5年には滞納税額は附帯税だけになったこと，②税務問題のセミナーで専門家から公正証書を作成しておけば後からでも贈与の時期を証明できるという説明を聞いていたこと，③納税者は平成元年4月に結婚しその後二児を設けて土地建物に居住していたが，平成5年秋ごろわが国への帰化を申請するにあたって，所有する財産を明確にしておいた方がよいと考え，登記手続を父親に依頼したこと，などを主張した。

課税庁の主張

　納税者は，公正証書作成当時，土地建物が公売されるおそれがあったと認識していたと主張しているが，仮に父が右のような懸念を有していたのだとすれば，そもそもこのような土地建物を贈与すること自体が極めて不合理である。特に，父と納税者は財産関係に争いのない親子の間柄にあったのであるから，父は，滞納国税債権の納付についての帰趨をはっきりさせ，差押登記を抹消したうえで，子に贈与しようと考えるのが自然であり，あえてこのような時期に，後日失われるかもしれない土地建物の贈与をしなければならなかった理由は見当たらない。

　公正証書には，公正証書作成日である昭和60年3月14日に土地建物の引渡しが終了したことになっているが，納税者以外の家族が退去したのは，同年末であった。このように公正証書には事実と異なる記載がされているのであり，このことからも，公正証書が，贈与契約の外形を作出するためだけの虚偽の証書であったことが分かる。

　納税者は，昭和61年ころから，当該建物に1人で居住し，次第に公課その他の必要経費を支出するようになったが，納税者は従前から住み続けており，その状態を継続していたというに過ぎないこと，土地建物の所有者は納税者の実父であり，自己の所有土地建物を息子に使わせるのは自然な行動であること，父が仕事を持つ一人前の息子に対して，居住に関わる必要経費等の支出を求めるのは当然であること，父やその他の家族が退去したのは昭和60年末ころであり，公正証書作成時に必ずしも合致するわけではないうえ，父が居宅を新築したという事情によるものであること等の事情に照らせば，上記の居住事実をもって，土地建物の贈与があったと認めることもできない。

裁判所の判断

① 父は，陳述書及び証人尋問において公正証書を作成しながら，所有権移転登記をしなかったのは，贈与税の負担を免れるためであったとして，東京で行われた税務問題のセミナーで，公認会計士から，「不動産の売買や贈与については，取引を完結した後で，登記をしないでおいて，ある程度の年数がすぎると不動産取得税や贈与税がかけられなくなる。そのためには，売買や贈与による者の引渡しを済ませ，そのことを公正証書にしておけばよい。」という説明を聞いたことがあり，不動産の贈与税を「節税」しようと考えたと陳述し，供述している。

② 父は，公正証書を，贈与税の負担回避のために作成したのであり，公正証書作成時において，父としては，公正証書記載の贈与日時から贈与税の徴収権が時効消滅するまでは，土地建物の登記名義を納税者に移転する意思はなかったものと認められる。そして，登記名義をいつ移すかということは，専ら父の意思にかかっていたものと認められる。したがって，登記手続時まで，納税者が，土地建物を担保に供したり，他人に譲渡することは事実上不可能な状況にあったわけであり，土地建物を自由に使用・収益・処分し得る地位にはなかったものである。

以上より，納税者の土地建物に対する使用，管理状況等の点からも，直ちに本件公正証書作成時ころに，贈与があったとは認められない。

③ 昭和60年3月14日に贈与を受けたと認識していたのであれば，贈与税の税額は多額であるから，その納付をどのようにするかについて父と相談したはずであるのに，納税者と父でそのような話し合いがなされた形跡は認められないことからすると，納税者には贈与を受けたという認識がなかったということになる。

なお，納税者は，当法廷において，贈与を受けた場合には贈与税が発生することを知らなかったと供述しているが，納税者は歯科医師であり高等教育

を受けた者であること，納税者は，当法廷において，土地建物の所有権が移転した場合に登記することを知らなかったと明らかに不合理な供述をしていることからすると，納税者の供述を信用することはできない。
④ 父が，納税者に対し，土地建物を贈与したのは，書面によらない贈与によるものということになるが，書面によらない贈与の場合にはその履行の時に贈与による財産取得があったと見るべきである。そして，土地建物が贈与された場合には，土地建物の引渡し又は所有権移転登記がなされたときにその履行があったと解されるところ，本件においては，納税者は土地建物に従前から居住しており，証拠上，登記手続よりも前に，贈与に基づき土地建物の引渡しを受けたというような事情は認められないから，登記手続がなされたときをもって土地建物の贈与に基づく履行があり，その時点で納税者は，土地建物を贈与に基づき取得したと見るべきである。

研 究

通常の行為としては，契約書の作成，金銭の授受を立証する領収書の発行，所有権移転を明確にするための登記の申請など，必要な資料の作成や手続は当然のこととして処理される。収益課税の対象となる経済的利益や資産課税の対象となる資産の取得など，税法の基本的な事項も，これらの資料や手続が前提となり税額が算定される。

しかし，親族間においては，わざわざ契約書や領収書を作成するという事務的なことを省略することは，特に珍しいことではない。不要とさえ考える人もいるだろう。親族間では，その行為を特に営利を目的としたものではないと当事者が考えており，しかも後で争いがおこることも少ないとすれば，事務的作業が省略されるのも理解できないことはない。最近では経済取引における課税に対する一般の認識が高まっているにもかかわらず，親族間においては，課税の問題を忘れがちなのは，わが国特有の身内意識的発想の現れなのだろうか。

いうまでもなく税法の領域では，課税の対象となる行為を他人間，親族間として問わない。そこで親族間の行為における課税関係を考えるときには，他人

同士の行為を想定した手続等を示唆することが，税務の専門家としてのアドバイスの基本原則である。いわば通常の行為においては不自然と感じられる現象が，親族間においては決してあってはならないのである。

　贈与契約の成立と同時に，贈与者は目的物の所有権を受贈者に引き渡す。つまり受贈者の立場でいえば，「財産の取得」により財産を自由に使用・管理することができるようになる。

　本事案において裁判所は，私法上の法律行為である贈与について，本来なら極めて立証性の高いはずである公正証書の作成に関して，詳細な事実認定により疑問を提起したうえで，真実の贈与の時期を登記申請手続時とする実質的判断を示している。

　確かに公正証書に記載された贈与契約の趣旨は，単に所有権移転登記をすれば済むだけの内容であり，特段，登記申請を妨げる理由もなく，納税者側が主張する理由も説得力に欠けるきらいがある。これが他人間の行為であるならば，所有権の存在を明確にするために直ちに登記申請手続きが行われるはずであり，公正証書作成のみに止めておくことは，すなわち不自然な現象である。親族間であるからこの不自然さで当事者が納得できるわけであるが，納税者の主張はこの不自然さの事情説明が説得力に欠けることは明らかである。

　なお，納税者は，公正証書の作成が専門家の説明による税務対策に示唆された，と述べている。このことは，一般の納税者に対して誤解を招くような発言を税務に従事する者は慎重にすべきことを，自戒を込めて受け止めるべきである。もっとも裁判所が，「贈与を受けた場合には贈与税が発生すること」や「不動産の所有権が移転した場合には登記をすること」を歯科医師であり高等教育を受けた納税者が知らなかったことを「不合理な供述」と断じている。しかしながら，税法に限らず広く法律上の手続に関しては，地位や学歴に関係なくその知識が案外，普及していないことを，課税実務の上では数多く遭遇することをあえて付け加えたい。いわば裁判所の偏見ともいえるのである。

（参考）
　名古屋地方裁判所　平成10年9月11日判決（ＴＡＩＮＳ検索番号Ｚ238－8235・ＴＫＣ文献番号28040533）
　名古屋高等裁判所　平成10年12月25日判決（ＴＡＩＮＳ検索番号Ｚ239－8313・ＴＫＣ文献番号28040534）
　最高裁判所　平成11年6月24日決定（ＴＡＩＮＳ検索番号Ｚ243－8435・ＴＫＣ文献番号28071262）

Case14：贈与の時期（公正証書による贈与契約）

事実の概要

　Cの養父AはCに贈与することを約し，昭和57年2月，不動産贈与契約公正証書が作成された。Cは贈与税を納める資力がないため，所有権移転登記を行わないでいたところ，Aはその後，上記，贈与契約公正証書の内容と相異する遺言公正証書や死因贈与契約公正証書を作成した。

　Aは平成9年12月に死亡し，その後の相続税の申告において，上記不動産は生前に贈与されたものであるとして除外して申告した。課税庁は既に売却済みであった不動産を除く不動産は相続または贈与によって取得されたものであるとして，更正処分を行った。

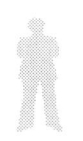

納税者の主張

　本件不動産については，昭和63年には現実の引渡しを受けていた。また他の相続人，受贈者との別件訴訟において，これらの不動産の所有権がCに属することが確認されるとともに，AからCへの所有権移転登記手続を認める旨の各判決が確定している。Aが死亡した当時，本件贈与不動産の所有権が裁判で争われていたため，所有権移転登記手続が未了であったに過ぎない。本件更正処分等は，かかる判決の効力に反する。

　本件公正証書は，昭和57年2月当時，Cの兄であるBから財産を守るために作成されたものであり，Aとの間で本件不動産1～3の賃貸借契約を締結し，法人税を申告していたのも，税対策上のことである。本件公正証書作成当時，高額の贈与税を支払う能力がなく，贈与を原因とする所有権移転登記手続に着手することができなかったが，贈与税を支払う意思がなかったわけではない。

課税庁の主張

① 本件公正証書は，以下の事情からすれば，相続税及び贈与税の課税逃れのために作成されたものである。これに記載された贈与契約は効力を生じないか，又は，せいぜい死因贈与としての効果しかない。したがって，Cは本件公正証書により，本件不動産を生前贈与により取得したわけではない。
② Aは，本件不動産の一部を第三者に売却し，また，本件贈与不動産が自己の所有物であることを前提として本件公正証書作成後，その内容と矛盾する本件遺言及び死因贈与契約の公正証書を作成している等の本件公正証書と相容れない処分行為を行った。
③ Cは，本件公正証書が作成されてから，Aが死亡するまでの14年以上の長期にわたり，自己への所有権移転登記を経由しておらず，また，農地法上の手続も一切採っておらず，贈与税の申告をしていないことはもとより，納税の目算も全く立たない状態であった。さらに，Cは，贈与税の更正の除斥期間経過後も，本件贈与不動産について自己名義に所有権移転登記を経由しなかった等，本件公正証書の内容は，Aの生前，一切履行されておらず，履行の準備がされた形跡もなかった。

裁判所の判断

① 私法上の効果を否定する場合の立証責任は，課税庁にある。
　課税庁は，本件公正証書は，贈与税及び相続税逃れのために作成された無効なものである旨の主張をする。しかしながら，本件公正証書が存在する以上，通常は，AとCとの間のその内容に沿う贈与契約の表示行為があったものというべきである。そして，Aの本件公正証書によるCへの贈与が有効であるかどうかは，AとCとの間にその贈与の内容の内心の効果意思がなかったこと，すなわち，それが虚偽表示であることが課税庁によって証明される

かどうかに係るものというべきである。相続税や贈与税の負担を違法に免れる目的で贈与契約の表示行為がされて贈与契約が仮装されることはあり得るけれども、AもCも、本件贈与不動産の贈与をする意思がないのに、相続税や贈与税の負担を免れる目的で本件公正証書の作成依頼をしたとまでは到底認められない。むしろ、本件事実関係及び本件各証拠によれば、Aとしては、当時、本件贈与不動産の所有権をCに無償で取得させる意思はあったものと認められる。課税庁の主張は、租税回避の目的がある法律行為について、広く、その私法上の効果を否定しようとする趣旨とも解されるが、そのような趣旨であれば、その限りで失当である。
② 所有権移転登記がなされない場合の贈与契約は、死因贈与契約とされることがある。

本件贈与不動産について所有権移転登記をすれば、Cに多額の贈与税が課せられ、また納付する資力もなく、贈与税を支払う意思がないことを承知の上で、敢えて、契約の締結と同時に、所有権がAからCへ移転するものとする旨を約定して作成された本件公正証書は、その約定にかかわらず、Aが本件贈与不動産の所有権を直ちにCに移転させるのではなく、結局、Aの死後、本件贈与不動産をCに贈与するとの意思で、そのような合意をしたもの、すなわち、死因贈与の契約をしたものと認めるのが相当である。

研　究 ─────────────────→

　本事案は、土地、建物等の所有権等の移転の登記又は登録の目的となる財産について、相続開始時において登記、登録手続を行っていない場合、贈与契約書を公正証書で作成していたとしても、死因贈与契約として取り扱われる可能性が高いことを判示している。

　税務における贈与による財産の取得時期については、原則として、書面によるものについては、その契約の効力の発生した時であり、書面によらないものについては、その履行の時（相基通1の3・1の4共－8(2)）とされているが、所有権等の移転の登記又は登録の目的となる財産については、特例として、その

贈与の時期が明確でないときは、特に反証のない限りその登記又は登録があった時に贈与があったものとして取り扱うものとする（相基通1の3・1の4共－11）とされている。

裁判所は、公正証書によるCへの贈与契約の移転登記手続が行われないうちに、Aの名義による該当不動産の売却処分や、後続する遺言公正証書が作成され、Cもその遺言内容に同意しているところから、贈与契約書作成時に直ちに効力を発するものではなく、死因贈与契約として、Aの死亡を原因として発生する贈与契約書であり、死因贈与契約である以上、後から作成された遺言や贈与契約が有効なものである限り、被相続人の最終の遺言または死因贈与に従って、取得されたものとして、相続税法上取り扱われるとの判断を示した。このことは登記を行わず権利を主張する納税者は、通達の示す「反証」を納税者側で構築していなければならないことを強く意味する。贈与が双務契約である以上、贈与者、受贈者共に、所有権が移転していることの実質を高い証拠性で担保し、所有権移転登記が行えなかった理由までも、納税者側が構築しておかなければならない。公正証書を作成すればよいという単純な手法は利用できないと思うべきである。また本事案は、各種の別件訴訟において、所有権が確定されたものであっても、当初の贈与契約自体が死因贈与とされ、結果的に相続を開始原因とする取得の場合には、相続税の課税対象であると判示されたことから、所謂、「登記上の名義残り」や「他人名義の一時登記」を後日、「真正な登記名義の回復」を手段に用いて移転させることも、その回復原因が、相続を起因とするものでないことが要求される。相続を起因とするものは、相続税の課税対象であることを判示したことも意義があるといえる。

（参考）
京都地方裁判所　平成16年1月30日判決（ＴＡＩＮＳ検索番号Ｚ254－9545・ＴＫＣ文献番号28140891）

Case15：公正証書による贈与の意義（贈与の認識と所有権移転登記）

事実の概要

公正証書上は相続開始前に贈与されたことになっている土地・建物が，相続財産に当たるか否かが争われた事案である。

納税者の母（被相続人）は生前に，被相続人の婚外子であるA及び，納税者の長女B，長男Cに対し土地・建物の贈与を行う旨の契約内容を，昭和49年6月，公正証書として作成した。その後，昭和55年4月受付で，上記公正証書の贈与を原因とし，Aに土地・建物の2分の1，B及びCに土地・建物の各4分の1とする所有権一部移転仮登記が行われた。平成11年2月12日，母を被相続人とする相続にかかる遺産分割協議書が作成された後，平成12年12月受付で，土地・建物について（本）登記がなされている。なお，Aらが土地・建物にかかる贈与税の申告をした事実はない。

納税者の主張

土地・建物は，昭和49年6月に作成された公正証書による贈与契約に基づき，被相続人からAらに所有権が移転している。公正証書を作成した目的は，婚外子であるAに対し生前贈与を行うことで，相続の前渡しを行うことにあり，また，相続回数を減らして相続税の節税を行うことにある。土地・建物の所有権移転登記が公正証書のとおりに行われていないのは，Aらが単に失念していたためである。所有権移転登記が行われたのは，相続開始後であるが，これに代わる所有権移転仮登記は，相続開始前の昭和55年4月に行われているのであるから，対外的な所有権移転の外形の表示も行われているといえる。Aらが，土地・建物に係る贈与税の申告をしていないのは事実であるが，このことをもっ

て，Aらが贈与契約により土地・建物の所有権を取得したことまでを否定することはできない。

課税庁の主張

公正証書には，Aらに土地・建物の所有権を移転するとともに，土地・建物の租税公課は，所有権移転登記以前については贈与者が負担し，それ以後については受贈者が負担する旨が記載されていることからも，実質的な所有権移転の時期を所有権移転登記完了のときとしているものと認められる。

そうした場合，相続開始時までに，土地・建物の所有権移転登記がなされていないため，相続開始時における土地・建物の所有権は，被相続人にあったということができる。

被相続人は，土地・建物に係る賃貸料を自己の所得として平成7年分まで申告を行っていたことからも，贈与契約における当事者は，土地・建物の引渡しがされたという認識がなく，相続開始前に贈与契約の効力が発生しているものとは認められない。

また，土地・建物に係る贈与税の申告をしていなかったことは，公正証書による贈与契約に基づく所有権の移転がなかったとの裏付けである。

審判所の判断

民法549条において，贈与による財産の取得時期については，書面によるものはその契約の効力の発生した時，書面によらないものは履行の時と解される。

しかしながら，書面さえ存在していれば贈与の実態にかかわりなく，契約の効力が発生した時を財産の取得時期とする趣旨ではない。長期間にわたって所有権移転登記を行わず，贈与者が死亡するにいたって初めてその法的効果を主張し，相続の課税の適否を争うような場合には，課税の公平の観点からも，関連する諸事実を総合的に判断して，契約の効果が生じているか実質的に判断す

べきである。

　また，当該仮登記も公正証書上贈与の効果が生じたとされる時から5年以上経過した後に行われたものであり，将来の本登記のための順位保全の目的をもってする予備的登記に過ぎず，その事実をもって贈与が行われたことの裏付けとはならない。

　公正証書の作成目的が相続税の節税のための生前贈与であるとするならば，Aらは土地・建物について贈与を受けた認識があり，贈与税の申告が必要であることの認識を有していたはずであるが，土地・建物に係る贈与税の申告はされていない。

　そうすると，公正証書は，将来の相続税の負担を回避するなど，何らかの意図をもって作成された，実態の伴わない形式的な文書と見るのが自然であり，公正証書によって，被相続人との間に贈与の合意が成立していたものとは到底認められない。

研　究

　本事案における生前贈与に関しては，公正証書による贈与契約が行われた場合であっても，当事者間で贈与としての認識があるかどうか，また，財産の名義変更や，管理，運用，処分等に関しても受贈者に帰属しているかどうかという実質的判断が行われたものである。

　もちろん，贈与が確定しているとなれば，贈与を受けた年中の財産の合計額が贈与税の基礎控除額（110万円）を超えた場合，贈与税の申告義務が生じ，当該申告の有無も贈与事実の実質的な判断の要素となり得るのである。

　しかし，一般的に生前贈与が行われる場合，贈与税の基礎控除を超えるケースばかりではなく，贈与税の基礎控除の範囲内で，数年にわたり贈与を行うケースが多く見られる。確かに，贈与税の基礎控除の範囲内であれば，受贈者は贈与税の申告義務が生じないのであるが，問題は，相続発生前に被相続人から受贈者が贈与を受けたものである旨の主張をしなければならないのである。

　つまり，実質的に贈与を行ったことに関して，当事者が了承し，贈与が実行

されているかの証明を行う必要がある。

そのために必要なことは，①贈与契約書の作成，②贈与を立証するための書類，③資産の管理・運用・処分が受贈者に帰属していることの立証を行うことである。

①については，公正証書などを通じたものが確実であるが，それ以外の場合であっても契約書の要件が整っていればあまり問題はないものと思われる。

②に関しては，預金などの場合，贈与が行われた事実については預金通帳等に記帳された振込事実等を立証の根拠としたり，また，不動産等の贈与を行うケースでは，固定資産税の納税通知書が受贈者の氏名になっていることをもって立証することも可能である。

③に関しては，預金などの場合，贈与された金銭の入金された受贈者名義の預金通帳に使われる印鑑が，確実に受贈者の所有する印鑑であり，また，受贈者の他の預金口座などにも使われていることを証明することが有効である。定期預金などの場合，受取利息などに関しても受贈者に帰属していることを立証するために，受贈者の口座に直接入金されるようにすることも有効である。また，株式などの場合は，配当金の受領通知書に受贈者の氏名が記載されている，もしくは，配当金の受取りを受贈者の預金口座を通じ振込で受領した旨が確認できるような配慮を行うことが望ましい。

こうした立証をより確実に行うために，収益を伴う資産を受贈した場合，所得税や贈与税の確定申告などを通じて，受贈者に管理・運用・処分権が帰属しているとの立証を行うことも有効である。

もちろん本事案のように，贈与契約があったとしても，遅々として所有権の移転登記が行われていない場合や，実質的な使用収益権や管理処分権が受贈者でなく，専ら贈与者に帰属していることが明らかなときは，贈与税の申告は不要であり，相続財産として相続税の申告が必要になる。

このように，生前贈与に当たっては，贈与者，受贈者ともに贈与があったかどうかを贈与契約等の書面等で確認することはもとより，それに伴う贈与税や所得税の申告などを通じ，贈与事実の立証を行うなどの事後的対応の有無に関

しても不可欠な要素である。このことを贈与者，受贈者双方でもう一度確認することが重要である。

(参考)
　国税不服審判所　平成15年3月25日裁決（ＴＡＩＮＳ検索番号Ｊ65－4－38・ＴＫＣ文献番号26011768）

Case 16：配偶者控除（居住用財産の意義）

事実の概要

納税者は平成元年2月に夫からP市所在の土地家屋の各2分の1の持分の贈与を受けた。納税者は，本件贈与は居住用財産の贈与に係る配偶者控除が適用されるとして，課税価格及び納付すべき贈与税は0円として平成元年分の贈与税の申告書を提出した。

課税庁は，贈与財産は仮住まいの土地家屋と認められ，配偶者控除の適用はできず，納付すべき贈与税額は4,759,600円として更正した。また，実際の居住とは異なる住民登録をして，配偶者控除の適用要件を満たしているように仮装した行為は重加算税の適用対象となるとした。

納税者の主張

① 本件土地は，納税者の夫が昭和38年3月に取得し，その後昭和47年10月に永住する目的で家屋を建築し，それ以来，昭和56年4月まで本件土地建物を納税者と夫及びその長男の生活の本拠としていた。昭和49年11月に，長男及び次男の音楽の特別教育の必要性からS市に仮住まいとして家屋を新築し（以下「S市旧家屋」），納税者らは転居した。

本件土地建物は，納税者らがS市旧家屋に転居した後の昭和56年5月に賃貸したが，昭和63年6月に夫の仕事と次男の通学の関係で，納税者らは本件土地建物に居住することを決め，入居者を立退かせ引越し，平成元年2月22日に住民登録を本件土地建物所在の住所に異動し，納税者は同日付で夫から本件土地建物の2分の1の持分の贈与も受けた。その後同年9月から12月まで補修工事を行った。仮に，本件土地建物を仮住まいとして使用するのであれば，このような補修工事はしなかった。

S市旧家屋は使用に不便だったため取り壊して平成元年6月（実際は5月に

早めたが）に着工同年11月完成の新家屋（以下「Ｓ市新家屋」）に建替えることとし，長男が結婚予定のため，長男夫婦を居住させる予定であった。

　　しかし，平成元年２月に納税者の実母が発病し，入院，手術のため，納税者は実母の看病をすることとなり，平成元年４月までは病院に通い，実母の退院後は通院の付添のために水曜日及び日曜日は本件土地建物で，それ以外は実母宅で寝泊りしていた。そこで，これらの事情から，納税者は平成元年12月にＳ市新家屋に居住して実母宅に通っていたのである。

② 　夫が平成元年３月にＥ社と本件土地建物の売却に係る一般媒介契約を契約したのは，納税者が実母の看病をする必要があったことから，仮に売却する場合はその価格が幾らぐらいなのか軽い気持ちで相談したところ，Ｅ社営業担当者から熱心な説明を受けキャンセルはいつでもできると言われ，媒介契約の書面に押印してしまったものである。

　　したがって，本件土地建物は仮住まいとして使用していたものではなく，あるいは，配偶者控除に係る特例の規定の適用を受けるためのみの目的で居住していたものでもなく，かつ引き続き居住の用に供する見込みであったから居住用不動産に該当する。

審判所の判断

① 　贈与税の配偶者控除に係る特例に規定する居住用不動産とは，その年において贈与によりその者と婚姻期間が20年以上である配偶者から専ら居住の用に供する土地若しくは土地の上に存する権利若しくは家屋を取得した場合の当該不動産をいい，当該不動産を取得した者が本件特例の適用を受けるためには，当該取得の日の属する年の翌年３月15日までに当該居住用不動産をその者の居住の用に供し，かつその後引き続き居住の用に供する見込みのある場合に限るとされているところ，その趣旨は，夫婦間における贈与が将来の生存配偶者の生活保障を目的として行われることが多いこと，税制面における妻の座の優遇などの面が考慮されて設けられたものであり，その趣旨に照

らし，その控除の対象財産として居住用不動産が最も適当であると考えられるところから，控除対象財産が居住用不動産に限定されているのである。

　したがって，居住の用に供するための家屋の新築期間中だけの仮住まい及び引き続き居住の用に供する見込みのない場合の不動産については，本件特例の規定の適用はないものというべきである。

② 　納税者は，夫の仕事の関係及び次男の教育上のため，昭和63年6月にそれまで賃貸していた本件土地建物の居住者を立ち退かせ，納税者夫婦らが居住するため昭和63年9月から同年12月にかけて補修工事を施した旨主張する。しかしながら，賃借人が本件土地建物から現実に引越しをしたのは平成元年1月であり，賃借料も同年2月6日まで支払い，夫からその領収書を受領していること，賃借人が居住中の資産に賃貸人が自ら居住するために補修工事を施されることは通常考えられないこと及び補修工事に関する領収書等の提出もないこと等からすると，納税者夫婦らが居住するため昭和63年9月から12月に補修工事を施したとの事実は認められないから，この点に関する納税者の主張には理由がない。

③ 　納税者の夫は，Ｓ市新家屋を建築するため，昭和63年10月30日にＨ社と建築工事請負契約を締結したが，Ｓ市新家屋は長男の結婚後の居住の用に供するためであって，納税者夫婦が居住するつもりはなく，同人の結婚予定日に合わせて建築着工日を平成元年6月1日，建築完成予定日を平成元年11月30日としたものである。ところが，長男の結婚が取りやめとなったため，Ｓ市新家屋の引渡しを受けた平成元年12月11日の翌日から，納税者の実母が病院に通院するために付き添うため納税者だけが居住したものであって，そして，Ｅ社が仲介した譲渡は，実母の病気，入院手術というやむを得ない予期できなかった後発的理由によるものであり，納税者夫婦らは，本件土地建物に引き続き居住するつもりであった旨主張する。

　しかしながら，金融機関への借入申込書には，夫自ら居住するために建設する住宅の建築所要資金としての申込みであることが記載されていること，また，夫は，昭和63年10月30日にＳ市新家屋を建築する建築工事請負契約を

締結し、その約5ヶ月後の平成元年3月14日にE社との間で本件土地建物の売却に係る媒介契約を締結していること並びに、本件媒介契約を締結した約2ヶ月後の平成元年5月11日に本件土地建物をG社に売却する不動産売買契約を締結していること及び夫は、昭和63年秋ころに本件土地建物の賃借人に対し、売却する目的はS市新家屋の建築資金を得るためである旨申し立てていること等が認められる。これらの事実を併せ考慮すると、納税者夫婦は、同夫婦らが居住するためにS市新家屋の建築を計画し、その建築資金を得るために本件資産を売却することを決め、そして、S市新家屋が完成するまでの間、本件土地建物に仮住まいしたものと認めるのが相当であるから、この点に関する納税者の主張には理由がない。

④ 納税者は、納税者夫婦らが平成元年2月22日にP市住所に住民登録を異動したが、実母の急病により納税者は看病のため、P市住所、S市住所及びD宅との間を行き来していた。夫は、本件土地建物に平成2年3月20日まで居住し、次男は通学等の日以外はS市新家屋に居住していた。そして、本件土地建物の平成元年3月分及び4月分の電気の使用量が通常の月より少ないのは、夫が平成元年3月1日から11日まではほとんど外食であったこと、同月12日から4月14日までは納税者に代わって夫が実母の看病のためS市旧家屋、病院及び実母宅に寝泊まりし、本件土地建物には不在であったことによる旨主張する。しかしながら、本件家屋の平成元年3月から平成2年3月までの電気の使用量は、S市旧家屋の昭和63年10月から平成元年3月まで及びS市新家屋の平成元年12月から平成2年3月までの各電気の使用量と比較すると極端に少ないことが認められる。仮に、納税者の主張する事実が存したとしても、本件土地建物の電気の使用量は極端に少なく、納税者夫婦らが主に居住の用に供したのは平成元年3月まではS市旧家屋であり、平成元年12月以降はS市新家屋であったものと認められ、本件土地建物は、S市新家屋を建築するまでの仮住まいであったとみるのが相当であり、この点に関する納税者の主張には理由がない。

研 究

1　制度の趣旨

　一般に夫婦間において形成された財産は夫婦の協力によるものであるという考え方が強い。また，夫婦間において財産を贈与する場合でも，親子相互間の扶養義務の観念が薄らいでいる傾向から，夫婦のいずれか一方の死後における生存配偶者の生活を保障するという意図でなされることが少なくない。贈与税の配偶者控除はこれらの事情を考慮して設けられたものである（相法21の6）。

2　制度の内容

　贈与税の配偶者控除は，①婚姻期間が20年以上である配偶者相互間で，②配偶者の居住用不動産又は居住用不動産を取得するための金銭の贈与を行い，③その居住用不動産又は贈与を受けた金銭で取得した居住用不動産を翌年3月15日までに居住の用に供し，④その後引き続いて居住の用に供する見込みである場合には，所定の書類を添付した贈与税の申告書を提出することを要件として，贈与税の課税価格から2,000万円の控除を行うものである。この贈与税の申告書は，課税価格が2,000万円未満であっても，この配偶者控除の適用を受けるためには，たとえ納付すべき税額がなくても提出しなければ，配偶者控除の適用は受けられない。

3　居住用財産の範囲

　この特例の対象となるものは，①居住の用に供する土地もしくは土地の上に存する権利で国内にあるもの，②居住の用に供する家屋で国内にあるもの，③居住用不動産を取得するための金銭となる。ただし，居住用不動産を取得した場合には，その取得の日の翌年3月15日までに居住の用に供し，かつ引き続いて居住の用に供する見込みであることで，金銭の場合にはその金銭をもってその取得の日の翌年3月15日まで居住用不動産を取得し，同日までに居住の用に供し，かつ引き続いて居住の用に供する見込みであることが要件となっている。

4 本件土地建物が居住用不動産に該当するか

　「居住の用に供している家屋」とは，その者が生活の本拠として居住する家屋と解するのが相当であり，その判断はその者の当該家屋の現実の利用状況に加えて，その者及び配偶者等の日常生活の状況，その家屋への入居目的，その家屋の構造及び設備の状況その他の事情を総合勘案して，社会通念に照らして客観的になされるべきではある。生活の本拠がどこにあるかを判断するにあたって，家族関係や息子や母親などの家に滞在する理由等について十分検討することを要する。単に，当該家屋での生活日数が少ないことのみをもって生活の本拠でないと判断するべきではない。

　日数からみると，納税者は，納税者夫婦らが平成元年2月22日にP市住所に住民登録を異動し1年以上居住しているようになっているが，実母の急病により納税者は看病のため，P市住所，S市住所及び実母宅との間を行き来していた。夫は，本件土地建物に平成2年3月20日まで居住し，次男は通学等の日以外はS市新家屋に居住していた。しかしながら，生活の本拠からみると本件建物の平成元年3月から平成2年3月までの電気の使用量は，S市旧家屋の昭和63年10月から平成元年3月まで及びS市新家屋の平成元年12月から平成2年3月までの各電気の使用量と比較すると極端に少ないことが認められる。となると，本件土地建物に生活の本拠があると考えるのは難しい。

　S市新家屋に関する借入申込書には，夫自ら居住するために建設する住宅の建築所要資金としての申込みであることが記載されていること，またS市旧家屋を取り壊してS市新家屋を建築後，同家屋に居住予定であったことが，建築工事請負契約を締結した昭和63年10月には決まっていたものと認められる。

　本件土地建物は，納税者らが居住したと認められる約1ヶ月前に媒介契約に基づき売却依頼し，かつ居住を開始してから1ヶ月後に不動産売買契約を締結していることを考え併せると，納税者夫婦が居住するつもりはなく，同夫婦らが居住するためにS市新家屋の建築を計画し，その建築資金を得るために本件資産を売却することを決め，そして，S市新家屋が完成するまでの間，本件土地建物に仮住まいしたものと考えられる。居住用不動産を取得した場合には，

その取得の日の翌年3月15日までに居住の用に供し，かつ引き続いて居住の用に供する見込みであるという要件に合致しなくなる。

以上から，贈与財産は仮住まいの土地建物と認められ，配偶者控除の適用はできない。

（参考）
　国税不服審判所　平成5年5月21日裁決（ＴＡＩＮＳ検索番号Ｊ45－4－01・ＴＫＣ文献番号26010845）

Case17：配偶者控除（贈与不動産の面積按分）

事実の概要

　納税者は，居住用家屋の敷地部分690.85㎡，貸物置の敷地部分32.00㎡及び賃貸アパートの敷地部分462.30㎡から構成されている一筆の土地及びその土地上の家屋について，平成10年10月26日に夫から各9分の1の持分の贈与を受け，同年12月3日に所有権移転登記を行った。

　そして，その不動産のすべてが贈与税の配偶者控除の特例（以下，本件特例）に該当するとして，贈与税の申告をした。

　しかし，課税庁より，利用状況の違う2棟の建物の敷地となっている土地について本件特例を適用しようとする場合には，居住用部分と居住用以外の部分に区分しなければならず，この区分に応じて土地を分筆した上で居住用部分を贈与すれば，そのすべてが本件特例の対象となる旨の指導を受けたため，分筆手続はしなかったものの，居住用部分の面積を実測した上で訂正申告を行った。

　その後，居住用家屋の敷地及び賃貸アパート等の敷地のそれぞれ9分の1の贈与を受けたので，賃貸アパート等の敷地については本件特例の適用はできないとして，居住用以外の敷地の贈与に対応する部分について修正申告した。

　しかし，受贈財産は居住用家屋の敷地内にのみ存在するのであるから，そのすべてに配偶者控除の適用があるとして更正の請求をした。

納税者の主張

　居住用と居住用以外の建物の敷地となっている不動産につき持分で贈与を受けた場合には，贈与当事者の真意を汲んで配偶者の特別控除の特例の適否を判定すべきである。

受贈財産たる土地の持分9分の1は，贈与証書に居住用家屋の敷地の部分とする旨の記載されているとおり，土地の全部にまたがるのではなく，居住用家屋の敷地内にのみ存在するのであって，受贈財産には居住用以外の土地が含まれていないことが明らかであるから，その全部について配偶者控除の適用がある。

課税庁の主張

土地上には，居住用家屋のほか貸物置及び賃貸アパートの3棟がそれぞれ独立して存在している。土地のどの部分が贈与されたかを判断するに当たっては，当事者の主観的な意思によるのではなく，実際になされた登記の内容に則して客観的に判断すべきである。

登記簿謄本によれば，土地に係る持分9分の1の所有権が贈与により夫から納税者に移転しているのであって，その持分には賃貸アパート等の敷地が含まれていることが明らかであり，その敷地部分については，本件特例の適用対象となる居住の用に供している土地とはいえない。したがって，配偶者控除の適用はない。

審判所の判断

納税者が実際に贈与を受けた受贈財産は，居住用家屋の敷地部分及び賃貸アパート等の敷地部分を併せた土地の全体に係る持分9分の1であると見るのが相当であって，居住用家屋の敷地部分のみに限られていたものとは認められない。

受贈財産が何であるかを判断するに当たっては，贈与証書，原因証書及び登記の記載内容を実質的かつ客観的に考察すべきものであるから，専ら契約当事者による主観的判断によるべきものではない。

研　究

　本事案は，夫と納税者間での不動産贈与証書の記載内容と異なる所有権移転登記がなされたために，受贈財産の範囲について争点となっている。

　本事案は，「土地については次図のとおり居住用家屋の敷地の部分とする。」旨の文言が記載された不動産贈与証書を差し入れたが，本件土地が一筆の土地であることから，その一部についての贈与であるかのような限定文言があるその贈与証書によっては所有権移転登記ができなかった。そのため，その贈与証書のうち上記の限定文言を削除した同一日付の不動産贈与証書を新たに作成して差し入れ，これを原因証書として所有権移転登記がなされたとされている。

　所有権の移転登記にあたっては，原則として契約書上の名義により登記をする。しかし，実務では，契約書上の名義ではなく名義とは異なる登記を行うことがある。例えば，契約書上は夫であったが，夫婦共有名義に変更をして登記をするというような場合である。つまり，贈与の認識がなく登記をしてしまうケースである。

　本事案では，不動産贈与証書の記載内容と異なる所有権移転登記がなされた理由として，分筆による登記手続に高額な費用負担が必要であること及び隣接所有者との関係から分筆することが困難であったことによるものであったと述べており，贈与の認識がなく登記をしたかどうかは不明である。

　贈与により，婚姻期間が20年以上の配偶者から，専ら自己の居住の用に供する土地若しくは土地の上に存する権利又は家屋を取得した者は，課税価格から2,000万円を控除すると規定されている（相法21条の6 ①）。

　この特例を受ける場合には，受贈者が贈与税の申告書に，戸籍の謄本又は抄本及び戸籍の附票の写し，居住用財産の贈与を受けた者が取得した居住用不動産に関する登記簿謄本又は抄本並びに住民票の写しを添付することを要件としている（相法21条の6 ②）。

　したがって，受贈財産が何であるかの判断は，当事者の主観的な意思によるのではなく，実際になされた登記の内容に則して客観的に判断することとなる。

本事案において審判所は，受贈財産が何であるかを判断するに当たっては，贈与証書，原因証書及び登記の記載内容を実質的，かつ客観的に考察すべきものであるとし，更正の請求は認められないと判断している。

　また，納税者は，店舗兼住宅等について配偶者が持分の贈与を受けた場合の取扱いと同様の取扱いをすべきであると主張している。

　店舗兼住宅等について配偶者が持分の贈与を受けた場合の取扱いについては，法律上も実際の利用上も明確な分割ないし分離が困難な家屋について，その居住用部分のみを贈与し，あるいはその全部を使用させるというのが贈与当事者間の通常の意思と解されるため，立法趣旨にかんがみ例外的に認められた取扱いであるとされている。

　したがって，本事案のように，一筆の敷地に利用区分の違う3棟がそれぞれ独立して存在しているような場合は，趣旨が異なることから，店舗兼住宅等の場合と同様の取扱いをすることは難しいと考えられる。

　贈与税における配偶者控除の制度は，夫婦間における贈与が生存している配偶者の将来の生活保障を考慮して行われることが多いことや税制面における妻の座の優遇などの面が考慮されて設けられた制度である。長年連れ添った夫婦間では，妻へのプレゼントとして贈与税の配偶者控除の特例を受けるケースも見受けられる。

　この特例の適用については，いくつかの適用要件があることから，適用をめぐる税務トラブルは少なくない。課税庁に否認されないためにも，事実に基づいて実質的に判断することが重要である。

（参考）
　国税不服審判所　平成13年9月13日裁決（TAINS検索番号J62-4-25・TKC文献番号26011595）

Case 18：贈与の事実（増築資金）

> **事実の概要**
>
> 　納税者の夫（弁護士）は，納税者所有の木造平屋建て建物の増改築工事を建築請負業者に施工させ，昭和44年5月ごろ竣工したが，代金は，当初の請負金額より420万円に減額したうえ夫が負担して支払った。その後昭和45年4月に増改築後の建物は納税者の名義で，増築を原因として変更登記され納税者の所有となったものであるが，納税者は，増築工事代金に相当する金員等を夫に対し何ら支払っていない。
>
> 　課税庁は，増改築資金を夫が全額負担していることから，相続税法9条（贈与又は遺贈により取得したものとみなす場合「その他の利益の享受」）の規定を適用し，贈与したものとみなされるとして，贈与税の決定処分及び無申告加算税の賦課決定処分を行った。

納税者の主張

① 　納税者の夫は，法律事務所として長年賃借していたビルの1室を貸主に明渡しせざるを得ないことになり，夫婦の居住家屋である建物の一部に弁護士事務所を併設する目的で，建物を増改築した。

② 　増改築部分は民法242条所定の付合により主たる建物の所有者である納税者がその所有権を取得したことは否めないが，夫が納税者に増改築部分を贈与する意思もなければ，納税者の側においても受贈の意思もない。したがって，納税者ら夫婦間に贈与契約がないにもかかわらず納税者に対し課税した課税庁の本件課税処分は違法である。

③ 　納税者は，建物の増改築部分の所有権を取得したといっても，これと同時に夫に対し増改築部分相当額につき不当利得の返還義務を負い（民法248条，703条），義務はまだ放棄等によって消滅していないので，納税者は夫から経

済的な利益を無償で受けたものとはいえない。夫は弁護士として建物の増改築部分を法律事務所として使用占有しているために，納税者に対し直ちに増改築部分相当額の償還請求をしないというだけで，高齢の夫が弁護士業務を廃業することにでもなれば無収入となるので，いつでもこの償還請求権を行使すべき余地はあるのである。したがって，これらの事情を無視して，納税者が無償で建物の増改築部分の所有権を取得し，これに相当する経済的な利益を受けたとし，これを贈与とみなして課税した課税庁の処分は違法である。

④　婚姻継続中の夫婦というのは，1個の共同体と考えるべきであるから，婚姻の継続中，夫婦間に，経済的利益の変動が生じても，その都度当該利益につき権利義務の帰属を問題とするのは不合理であり，婚姻が終了した時点で，初めて夫婦のいずれか一方に権利義務が確定的に帰属するものとすべきである。したがって夫婦間の共同生活中の一時点を把えて金銭的価値が一方から他方に移動したからといって，その都度，経済的利益を取得したとしてこれを贈与とみなし，課税するのは煩雑であるばかりでなく，前述の経済的利益の変動と同時に，これに伴う費用償還，不当利得返還義務の生じていることを無視するものであり，不公平，不平等な取扱いをすることになるから，課税処分は違法というべきである。

課税庁の主張

　納税者は，対価を支払わないで，増改築工事のなされた建物の増改築部分の所有権を取得したのであるから，増改築工事によって，納税者の財産が増加したことになるわけであり，したがって，納税者は，税法上これによって受けた経済的な利益を，夫から贈与により取得したとみなされる（相続税法9条本文参照）。

　納税者は無職であり，夫の収入により生活しているので夫に償還請求を実行する意思があるとは解せられないし，このような場合に償還請求権があることをもって贈与でないとするのは，社会一般の通念からみて相当でない。

裁判所の判断

　夫が納税者名義の家屋につき増改築費用を出捐して増改築工事をした場合の相続税法9条（贈与又は遺贈に因り取得したものとみなす場合，その他の利益の享受）に関し，
① 　納税者は無職であって夫の収入によって生活しているものであり，その故にこそ夫が費用を負担して納税者の家屋に増改築工事をしたものであること，
② 　増改築費用分に当たる所有権を夫のもとに留保したいのであれば，増改築後の建物を夫と納税者との共有としてその旨登記すれば足りるのに，納税者の単独所有のまま増改築の変更登記のみがなされたこと
などに照らすと，増改築あるいは変更登記が納税者と夫との間で納税者が償還義務を負うとの前提で行われたとは到底認められず，納税者ら夫婦の間においては，増改築に当たってあらかじめ増改築後の建物の全部の所有権を納税者に帰属せしめる合意をしたか，もしくはその付合によって生じる償還義務を明示又は黙示に免除したものと解されるから，増改築工事の費用につき，納税者が費用償還義務を負うものとは認められないとして，夫から納税者に対して右増改築費用相当額の経済的利益の贈与があったものとみなされる。

研　究

　民法上の問題点を検討すると，民法242条は「不動産の所有者は，その不動産に従として付合した物の所有権を取得する」と規定している。「付合」とは，不動産（既存建物）に他人の物（増築された部分）が付着し，両者を分離復旧することが社会経済上著しく不利益な状態となったときには，既存建物の所有者が，その物（増築された部分）の所有権を取得することと解されている。
　したがって，既存建物の所有権を有しない者が，その建物に対して自らの出捐によって増改築を行えば，民法上の贈与契約の成立を待たずして，建物の増改築者は，増改築部分の所有権を得ることなく，そしてまた，既存建物の所有

権者は，当該増築部分の所有権を取得することになる。

　本事案の場合を，相続税法9条の要件に適用すると，夫には，妻である納税者に対する贈与契約の意思がなくても，民法242条の「付合」の規定により増改築部分の経済的価値の移転が認定される。また，納税者側から，不当利得返還請求（民法248条，703条）や夫婦間における財産の帰属に関しての主張等がなされてはいるものの，判決における事実認定では退けられている。

　公刊されている訴訟資料からは明らかではないが，納税者やその夫は，増改築段階では，相続税法9条の規定を知らなかったか，または十分な理解をしていなかったのではないかと思われる。そのため，一審では，民法上の贈与契約の成立に関しての事実認定に終始し，他の主張は事後的に組み立てられたとの感が持たれる。

　たとえ夫婦という家庭内の行為であっても両者の間に「経済的利益の移動」があれば，相続税法上の「みなし贈与」の対象となることに注意が必要である。また，本事案のように夫は，妻名義の単独所有の登記をしないで，既存の建物の残存価格と増改築に掛かった費用に基づく比率を考慮して持ち分を共有名義とするなど，事前の租税計画を慎重に行う必要があると思われる。

（参考）
　東京地方裁判所　昭和51年2月17日判決（ＴＡＩＮＳ検索番号Ｚ087－3718・ＴＫＣ文献番号21053110）
　東京高等裁判所　昭和52年7月27日判決（ＴＡＩＮＳ検索番号Ｚ095－4034・ＴＫＣ文献番号21058900）
　最高裁判所　昭和53年2月16日判決（ＴＡＩＮＳ検索番号Ｚ097－4130・ＴＫＣ文献番号21060900）

Case19：贈与の事実（貸金）

> **事実の概要**
>
> 　納税者が銀行から借り入れた2,000万円の返済について，納税者の父の定期預金解約払戻金により返済された。納税者の父は，実業家として多方面に活躍し，屈指の財産家であり，また本件2,000万円について借用書等賃貸関係を証する書面が作成されていなかった。課税庁は，納税者に対し，本件2,000万円は贈与であるとして，贈与税および無申告加算税を賦課決定した。

納税者の主張

　本件2,000万円は，納税者が父から無利息で，毎月25万円を分割して払う約定をもとに借り受けたもので，現に納税者は父に対し，合計1,445万9,276円を支払った。また父は，納税者に対し残金554万724円を訴求し，全部勝訴の判決を得ている。

　みなし贈与に該当する弁済は，代位弁済などによって本来の債務者がその債務を完全に免れ，実質的に贈与と同一の利益の帰属がある場合であって，後に弁済を要する本件のような場合は含まれない。

課税庁の主張

　納税者は，父から2,000万円の贈与を受けた。父は，相当な個人資産を有しており，本件2,000万円について借用書などが作成されていない。また，本件2,000万円の出所等につき面会調査をしたが，その際調査を担当した国税局職員に対し，事実に反する申立をした。

　このようなことから，本件2,000万円が親子間の自然の愛情に基づいてなさ

れた贈与であることは明らかである。

裁判所の判断

　国税局職員から面会調査を受けた際，本件2,000万円につき納税者と父との間に金銭消費貸借契約が締結されたとの説明はなされなかったこと，また納税者，父らは，本件処分に対する異議申立段階に至り，本件2,000万円が貸金である旨主張したことが認められる。

　以上の事実から，父が納税者に対し税金を免れるため，本件2,000万円を貸金であるとして，父が行った納税者に対する訴訟を提起したことを併せて考えるに，本件2,000万円は納税者が父から贈与を受けたものと推認できる。

研　究

　親子間においても祝金や小遣いといった日常的，儀礼的な金銭の授受のほかにも，金銭の授受が行われることがある。もちろん，費消される名目や金額が過少である場合，あまり問題とはならないだろう。しかし，ある程度まとまった金額で，かつ生計を一にしていない子などに，結果として返還を要しない金銭を与えることは，贈与とみなされる。例えば，住宅の購入に伴う資金や事業を始める際の開業資金などの融通などが考えられる。

　もちろん，実際に金銭の貸借であっても，無利息であるとか，金銭消費貸借契約書なども存在せず，返済についてもある時払いの催促なしのようなケースでは，贈与とみなされる可能性が高い。

　その一方，金銭消費貸借契約書も整っており，印紙も貼られ，一般的な契約書の様式を整えていた場合であっても，借入れを行った側に，到底返済能力がなく，一定期間返済も行われていないケースでは，結果として贈与とみなされる可能性が高い。相続税法9条に規定されるみなし贈与が適用されるのである。

　本来贈与とは，民法の規定に基づく贈与を指し，贈与者から受贈者に対し無

償で財産を与える意思を表示し，相手方がこれを受託することによって成立する無償・片務・諾成契約である（民法549条）。

　しかし，みなし贈与においては，贈与者，受贈者の両者が贈与を意図しない場合であっても，税法上，事実上返還を要しない贈与とみなされる取引に対して，贈与税の課税がなされるのである。

　したがって，親子間の金銭の貸借においても，第三者間で行われる金銭消費貸借と同じように契約書も存在し，かつ十分な返済能力があり，一定期間ごとに返済を行っていることなど，通常の金銭の貸借と何ら変わりないことが立証できれば，みなし贈与の指摘を回避できると考えられる。

　むろん，利息の授受も通常なら必要であるが，仮に無利息であったとしても，金銭消費貸借契約書が存在し，返済も滞りなく行われている場合には，贈与とみなされる可能性は低くなる。

　また，金銭のやりとりを現金で行うことは，事実関係を課税庁に対し証明することが困難である。そのため金銭の動きは，銀行口座を介することで明確にするべきことはいうまでもない。第三者間で行われる金銭消費貸借では，当然に行われる手続きや行為を，親子間であっても確実，円滑に行うことが必要といえよう。

　（参考）
　福島地方裁判所　昭和53年2月13日判決（ＴＡＩＮＳ検索番号Ｚ097−4123・ＴＫＣ文献番号21060850）
　仙台高等裁判所　昭和54年5月7日判決（ＴＡＩＮＳ検索番号Ｚ105−4394・ＴＫＣ文献番号21065800）

Case20：贈与の事実（定期預金）

> **事実の概要**
>
> 　納税者は，昭和54年6月20日，A銀行B支店の夫名義の定期預金の満期による払戻金28,446,544円を，その翌日には，C銀行D支店の夫名義の定期預金の満期による払戻金16,014,753円をそれぞれ納税者名義の定期預金として預け入れた。
>
> 　これに対して，課税庁は，夫から利益を受けたことにつき，夫に対しその対価を支払った事実が認められなかったのであるから，相続税法9条の規定に基づき，納税者が夫からその利益の価額に相当する金額は贈与により取得したものとみなされるとして，贈与税の決定及び無申告加算税の賦課決定を行った。

納税者の主張

　納税者は，昭和39年ころ以来，夫の支払うべき生活費，交際費，医療費等を夫に代わって立て替えて支出してきたところ，この立替金の返済及び以後の立替金の先払いの趣旨で，夫名義の定期預金の満期による払戻金を納税者名義にしたものであって，対価を支払わなかったのではないから，その利益の享受は贈与ではない。

課税庁の主張

　納税者は，夫から利益を受けたことにつき，夫に対しその対価を支払った事実が認められないから，相続税法9条の規定に基づき，その利益の享受は贈与とみなすべきである。また，納税者の主張する立替金については，整合性・合理性に欠けている。

裁判所の判断

　納税者の主張する立替金について，その内容を項目ごとに検討する。
1　生活費について
　生活費は，具体的内容が全く明らかでなく，夫自身かなりの程度の生活費を渡している。また納税者は，夫との婚姻を機にクラブ経営を止めたから，納税者が膨大な額の生活費を立替え支出したとは認められない。
2　歯科治療費について
　歯科治療費は，夫の入歯の費用立替え分をいうが，納税者の主張の証拠は全くなく，夫が預金から払い戻して充てていた。
3　入院療養中の交際費，飲食費について
　入院療養中の交際費，飲食費は，夫が入院療養中，毎夜のように見舞客らとホテルで飲食したというが，入院患者が病院外でこのように多額の飲食等をすること自体異例で，支出日時，支出先，支出額等が全く明らかにされず，納税者の主張を裏付ける証拠は全くない。
4　入院療養費・付添費等について
　入院療養費・付添費等については，夫の給与を支払いに充て足りない分は納税者が補っていた旨漠然と述べるだけであって，納税者が支払ったとする支払先，支払額，支払日が明らかでなく，納税者が立替えて支払い，夫がその返還を約したかどうかも不明である。
5　ホテル宿泊料について
　ホテル宿泊料は，夫のみならず，納税者自身の宿泊代が含まれており，納税者が立替払いをしたと窺い得る証拠は何もない。
6　散髪代について
　散髪代は，夫を15年間毎日散髪しその代金の立替えを主張するが，極めて不自然である。また，かなりの期間入院生活を送っていたことからも散髪代立替えは認められない。

以上のとおり，納税者が主張する立替払いの項目は，いずれも認められないものといわざるを得ない。

　したがって，納税者は対価を支払わないで，夫から定期預金の払戻金の利益を受けたものというべきであるから，相続税法9条に基づき，納税者が夫からその利益を受けた時における利益の価額は贈与により取得したことになるというべきである。

研　究

　本事案は，夫名義の定期預金の満期返戻金を妻名義の定期預金としたことは，相続税法9条にいうところの対価を支払わないで利益を受けた場合に当たるとした事例である。

　周知のとおり，贈与税は，民法549条の規定に基づき，贈与により取得した財産に対して課税される。贈与には，一般の贈与のほかに特殊な形態の贈与として，定期贈与，負担付贈与及び死因贈与がある。

　このような民法上の贈与のほかに，相続税法では，法律的には贈与又は遺贈により取得した財産でなくても，実質的に贈与と同様の経済的利益をもたらすものについては，その取得した財産を贈与又は遺贈により取得したものとみなされ，贈与税が課税されることとなっている。これは，租税回避行為を防止するため，税負担の公平の見地から設けられたものである。

　このみなし贈与財産については，相続税法5条から8条までにおいて個別に規定されているが，さらに相続税法9条は，これらに規定する場合を除くほか，対価を支払わないで，又は著しく低い価額の対価で利益を受けた場合には，その利益を受けた者が，その利益の価額に相当する金額をその利益を受けさせた者から贈与又は遺贈により取得したものとしてみなすと規定する。

　贈与とみなして課税される利益の享受とは，利益を受けた者の財産の増加又は債務の減少があった場合をいい，労務の提供等を受けた場合は除かれる。

この「その他の利益の享受」については，様々な場合が考えられるが，税務の取扱いでは，主に次のような取扱いがされている。
　①同族会社の株式又は出資の価額が増加した場合（相基通9－2），②同族会社の新株引受権の付与が変則的に行われた場合（相基通9－4），③同族会社の増資に伴う失権株に係る新株の発行が行われなかった場合（相基通9－7），④離婚による財産分与（相基通9－8），⑤無利子の金銭貸与等（相基通9－10），⑥負担付贈与（相基通9－11），⑦共有持分の放棄（相基通9－12），⑧共稼ぎ夫婦が住宅等を購入した場合，⑨使用貸借に係る土地，などである。
　本事案では，夫名義の定期預金の満期返戻金を妻名義の定期預金としたことが，対価を支払わないで利益を受けた場合に該当するかどうかが争点となっているが，納税者は，「夫の支払うべき生活費，交際費，医療費等を夫に代わって立て替えて支出してきたところ，この立替金の返済及び以後の立替金の先払いの趣旨で，夫名義の定期預金の満期による払戻金を納税者名義にしたものであって，対価を支払わなかったのではないから，その利益の享受は贈与ではない」と主張している。
　これに対して，裁判所は，対価の支払の事実があるかどうかについては，実態に基づいて判断されており，結果的に，対価を支払わないで利益を受けた場合に当たると判示している。
　したがって，対価を支払わないで利益を受けた場合に該当するかどうかは，対価の支払の事実の有無が重要である。夫婦間であっても，結局，その立証は，納税者の責任で行われなければならないことに留意すべきである。

（参考）
東京地方裁判所　平成元年10月26日判決（ＴＡＩＮＳ検索番号Ｚ174－6378・ＴＫＣ文献番号22004204）

Case21：贈与の事実（事業用資産）

事実の概要

　納税者は，訴外A（母）の実子であり，昭和61年12月31日以前は，Aが甲県M市所在の店舗兼住宅において営む小売業の事業専従者として働き，昭和61年分以前の納税者の所得については，Aを源泉徴収義務者とする源泉所得税が納付されていた。

　課税庁は，納税者に対し，昭和62年1月1日に納税者がAから，事業に係る棚卸商品，売掛金，買掛金及びその他の販売用の財産を対価を支払うことなく取得したとして，納税者の昭和62年の贈与税につき，昭和63年8月10日付けで，事業用財産の課税価格を488万2,685円とした贈与税決定処分を行い，また，昭和62年1月1日以後の事業の事業主は納税者であり，事業から生ずる所得は納税者に帰属するとして，昭和63年8月10日付けで，昭和62年分の総所得金額を571万6,058円とした所得税決定処分を行った。

納税者の主張

　納税者は，昭和62年1月1日以後も事業の事業主は従前どおりAである。したがって，昭和62年1月1日は，納税者がAから事業用財産の贈与を受けて，事業の事業主となったことを前提として，課税庁が納税者に対し行った決定処分及び本件更正処分はいずれも違法であると主張している。

課税庁の主張

　事業の事業主であるAが，昭和62年12月31日をもって事業を廃業すること及び同年分の所得税限りでみなし法人課税の選択を取り止めることを課税庁に届

け出たうえ，納税者に事業の廃業と財産を納税者に贈与する意思を表示し，同年末で事業を廃業した事実及び納税者が，Aの廃業以降も事業に従事し，自己の危険と計算において財産の管理，販売等を行い，事業から生ずる利益を得ていた事実から，昭和62年1月1日に，納税者はAから対価を支払わないで，事業用財産を取得したとして，財産の贈与があったものとみなし（相続税法9条），また同日以後納税者が事業の事業主となったと認め，決定処分及び更正処分を行ったのであり，これらの処分はいずれも適法である。

なお，決定処分については，昭和62年1月1日に，Aから納税者に対し，事業用財産を贈与する旨の契約がなされた事実が認められるので，この理由によっても決定処分が適法である。

裁判所の判断

Aは，店舗兼住宅において，事業を営んでいたが，老齢のため事業を自ら営むことが困難になり，昭和59年に店舗兼住宅から転出したが，そのころには納税者が事業に関する仕入から販売まで一切を行い，事業によって生ずる利益は，同人が実質上取得していた。Aは事業の実態が右のようになっていることから，事業の主体名義を納税者に引き継ぎたいと考え，税理士に相談し，同税理士を介して，納税者に対し，事業の事業主を納税者に変更したい旨の意思を表明した。だが，納税者がこれを拒否したことから，Aは，昭和61年分まで事業から生ずる所得を自己の所得として確定申告を行った。しかし，Aは昭和61年12月末日をもって事業を廃業することを決意し，同月25日に課税庁に対して，その旨記載した廃業届け及び昭和62年分の所得税からみなし法人課税選択を取り止める旨の届出書を提出し，同日限りで事業を廃業し，納税者に対してもそのころその各届出書を提出した旨告げた。そして，Aは昭和62年分からは，事業による事業所得を自己の所得として計上することなく所得税確定申告をした。

Aは，納税者に対し何度かにわたって事業用財産を贈与する旨の自己の意思を伝えていたが，その意思表示を明確にしておいた方がよいという税務署員の

助言に従い，昭和62年12月22日，納税者宛に昭和61年12月31日の時点で事業用財産一切をAから納税者に贈与していることを確認する旨の贈与通知書を内容証明郵便で送付した。

納税者は，本判決記載のとおりの経緯から，昭和59年ころからAが事業を納税者に贈与したい旨の意思を有していることを知悉(ちしつ)しており，昭和61年12月末ころは，Aから廃業届を提出した旨の連絡を受け，Aが事業を廃業したことを知っていたにもかかわらず，昭和62年1月1日以後も事業をやめることなく，引き続き納税者の危険と計算において事業用財産の管理，商品の仕入れ，販売，売上の管理，税金の支払，現金管理，預金管理等事業に関する一切の業務を行った。納税者は，Aの廃業後も店舗兼住宅に居住し，昭和62年ころは，店舗兼住宅の加入電話料金の支払名義契約をいずれもAから納税者に変更した。また，納税者は，昭和63年分の所得税確定申告において，事業による事業所得を自己の所得として申告し，同年8月3日には納税者名義で事業の廃業届を課税庁に提出した。

以上の事実によると，納税者は，Aが事業を昭和61年12月31日付けで廃業したこと及び廃業にあたっては，納税者に事業用財産を贈与し納税者に事業を事業主として継続してもらいたいとの意思を有していたことを知りながら，廃業後も自ら主体となって独占的に事業用財産を利用して，事業を継続し，事業から生じる利益を享受していたことが認められるのであって，上記事実によれば，納税者はAが事業を廃業した日の翌日である昭和62年1月1日に，Aから対価を支払うことなく事業用財産を譲り受け，同日以後，自ら事業の事業主として，事業を営んでいたと認めることができる。

研　究

① 本事案の争点は，昭和62年1月1日以後の本件事業の事業主が納税者であるか否かについてである。

納税者は，ⓐ贈与契約について同意をしていないこと，ⓑ自己の名における事業について開業届を課税庁に提出していないこと等を理由として事業用

資産の譲渡はなく，事業は従前と同様に納税者の母親Aが継続しているとの主張をすることにより民法上の贈与契約の成立を否定しようとしている。しかし，相続税法上のみなし贈与の課税要件の充足に必要な「主要事実」である「Aから納税者への事業用資産の譲渡が無かった」ことについての立証は充分行われていない。

　課税庁は，ⓐ小売商を営んだ納税者の母親Aが昭和61年12月25日に税務署に対し廃業届を提出し，ⓑ事業専従者であった子である納税者にその旨を通知した後も，子である納税者が同一の店舗で納税者自らが主体となって事業用資産を利用して，同一の事業を継続していたこと，ⓒ納税者は，母親Aの廃業後も店舗兼住宅に居住し，昭和62年ころは，店舗兼住宅の加入電話料金の支払名義契約をいずれもAから納税者に変更したこと等の「間接事実」によって「主要事実」の立証を行い相続税法9条が規定する「みなし贈与」の課税要件事実の立証を個別具体的に行っている。

　裁判所は，課税庁による上記ⓐからⓑの「間接事実」の立証の積み重ねに基づいて，昭和62年1月1日に，納税者はAから対価を支払わないで事業用資産の一括贈与があったという「主要事実」の存在を経験則上推認し，それにより，みなし贈与（相続税法9条）の課税要件の充足を認定している。その結果裁判所は「事業主であったAの事業廃止後に，納税者は自ら主体となって事業用資産を利用して，その事業を継続していたことから，納税者が事業用資産について対価を支払わないで譲り受けたとして行われた贈与税決定処分及び本件事業による所得は納税者に帰属するとされた更正処分は，いずれも適法である」と判示した。

② 　民法上の贈与契約の成立要件は，当事者の一方（贈与者）が無償で自己の財産を相手方に与える意思を表示し，相手方（受贈者）がこれを受諾することである（民法549条）。贈与契約の成立については，贈与契約が当事者間の合意のみで成立するとし，諾成契約として構成しており，公正証書の作成等の要式行為を必要としていない。そこで，後に受贈者が受託の意思がなかったことを主張した場合に，贈与契約が成立するための要件事実の認定は，証

拠に基づいた証明がされなければならない。贈与は，夫婦，親子などの親族間で行われることが多いことから，贈与の事実を確認することが困難な場合が多い。

さらに親族間における贈与契約における所有権の移転時期の認定について，判例通説は，贈与の目的物が現存する特定物であるときには贈与契約によって所有権も原則として移転するべきであると解している。また民法上贈与契約の終了は，目的物の引渡しが行われれば，贈与者の贈与意思が確実なものであることがあきらかであり，履行が終了したとみることができる。この場合の「引渡し」は，現実の引渡しだけでなく，簡易の引渡し，指図による占有移転，占有改定であっても足りると解されている。また，特定物が贈与の目的とされた場合は，特定物をそのまま引き渡せば，贈与者はそれ以上の責任を負わないこととなる（民法551条）。

(3) 本事案では，納税者の主張の中には複雑な親族間の諸事情が垣間見られるものの，課税庁が訴訟において提出した間接事実の証拠から，親子間の事業承継に伴う事業用財産の譲渡が推認される事案である。そして，納税者側においては，相続税法9条が規定する「みなし贈与」の課税要件を正しく理解していなかったとも推測される。贈与税の発生を回避するために何らかの方法を用いて形式的に民法上の贈与契約の成立を回避しても，相続税法上のみなし贈与の課税要件に該当する場合には多額な贈与税が発生することとなる。

高齢化社会を迎え，個人商店や個人経営の飲食店等では，創業者である親の高齢化が進み，相続発生前に子供に対して事業承継を行う事例はさらに増えると思われる。その場合，事業主体の交代を伴う場合には，事業用財産のみなし贈与課税に注意が必要となる。個人事業を手伝ってきた子供に対して事業を引き継ぐときには，土地や建物といった不動産だけではなく，動産である仕入商品在庫や店舗内の什器備品等の事業用資産についても注意が必要となる。特に親族間における事業承継ではあいまいな処理が行われる懸念がある。そこで，事前の事業計画を行う際に契約書の作成だけでなく，「商品・売掛金等の営業用財産」についても適正価額による譲渡と金銭等の移動につ

いて税務調査や租税訴訟において立証可能なレベルでの会計処理及び税務上の証拠資料の作成と保存が求められる。

(参考)
　新潟地方裁判所　平成3年6月25日判決（ＴＡＩＮＳ検索番号Ｚ183－6782・ＴＫＣ文献番号22005523)
　東京高等裁判所　平成3年10月9日判決（ＴＡＩＮＳ検索番号Ｚ186－6732・ＴＫＣ文献番号22005825)
　最高裁判所　平成4年3月19日判決（ＴＡＩＮＳ検索番号Ｚ188－6874・ＴＫＣ文献番号22006505)

Case22：贈与の事実（定期預金）

事実の概要

納税者が，平成2年分の贈与税について，申告書を提出していなかったため，課税庁は，平成6年7月付けで平成2年分の贈与につき，課税価格を72,600,000円，納付すべき税額を42,465,000円とする決定処分を行い，無申告加算税の額を6,369,000円とする賦課決定処分を行った。

納税者は，異議申立を経て平成6年12月に審査請求を行った。

納税者の主張

課税庁は，平成2年12月31日に，納税者の父から納税者に預金の贈与があったとしているが，これは事実を誤認したものであり，実際には，平成3年1月1日に，平成3年3月24日に死亡した納税者の夫から合計87,000,000円の預金通帳を渡され預かったのである。そのため，預金は，父からの贈与財産には該当せず，夫からの相続財産に該当する。

仮に，預金が納税者に対する贈与であるとしても，通帳を預かったのは平成3年1月1日であるから，平成2年分の贈与財産とした決定処分は，その年分に誤りがある。

課税庁の主張

贈与が行われた場合の事実の認識については，親族間等の特別関係がある者の間で行われることが多く，その認定等についてはかなり困難であるため，他人名義で財産の取得が行われた場合，名義人になった者が当該財産を贈与により取得したものとして取り扱うこととしている。

預金は，納税者の父の預金を原資として開設されていることは明らかであり，

夫に帰属する財産から開設されているものと認めることはできない。

また、仮に預金が納税者の夫に帰属するとするならば、夫の相続税の課税対象となるところであるが、夫の相続に関する申告の中に、預金は含まれていないことからも、納税者の主張は認めることができない。

審判所の判断

納税者の父は、平成4年3月4日に死亡しており、納税者は、預金を納税者の夫、父からの贈与財産又は相続財産とする申告を行っていない。

そもそも贈与とは、当事者の一方が自己の財産を無償で相手方に与えるという意思表示をし、相手方がこれを受諾する契約を指すが、一般には親族間で行われることが多いから、贈与事実の認定は困難を伴うことが多く、外観は贈与でも、その実質贈与でない場合等も存在する。こうした事実認定が困難なことを考慮すると、その実質が贈与でないという反証が特にない限り、一般的には外観によって、贈与事実の認定を行うのが相当と解される。

こうしたことから、平成2年12月31日に預金に入金された87,000,000円から、平成3年3月に請求人の父名義の口座へ入金された15,000,000円を差し引いた72,000,000円を、納税者の父から贈与により取得したものと推認する。

また、贈与が行われた年を納税者は平成3年であると主張するが、「贈与により財産を取得した時」とは、「贈与の履行の時」と解するのが相当である。預金は平成2年12月31日に開設され、入金されたものであることや、平成3年分の贈与財産とする申告が行われていないことなどからも、預金が開設され入金された平成2年12月31日に贈与の履行を受けたとみるのが相当である。

贈与税の課税価格は、上記72,000,000円と、平成2年11月に納税者の父から贈与を受けたとして贈与税の申告を行っている600,000円の合計72,600,000円となり、この金額は決定処分の金額と同額であるため、決定処分は適法である。

研　究

　本事案の争点は，預金を納税者の父から贈与によって取得したものか，もしくは，納税者の夫から相続によって取得したものか争われた事例であり，また，預金の取得日に関しても争われている。

　預貯金の贈与については，書面によらないケースが多いため，一般的な贈与に比べ，贈与認定を行うこと自体困難なケースが多くみられる。特に，贈与者から受贈者への振込による贈与ではなく，引き出した現金による贈与が行われた場合，贈与認定そのものが困難になる。例えば，贈与者の口座から引き出された金額をそのまま受贈者の口座に入れた場合，同日に同額を移動していれば分かり易いが，日にちを変え，少額を複数の口座に移動した場合など，贈与認定そのものが困難になる。ましてや贈与を受けた預金を，受贈者が自身の預金に入れず，そのまま物品などの購入に当ててしまった場合，さらに贈与認定そのものが困難になる。

　預金名義そのものが他の者の名義となったとしても，実質的に贈与となるかどうか判定を行う必要がある。例えば，金銭消費貸借の契約が存在しなかったり，また，金銭消費貸借契約が存在していたとしても，契約に従った実質的な返済が伴っていないなど，実態として贈与であると認められる場合に限り，課税が行われる。

　他にも預金を子供の名義で長年積み立て，子供名義の住宅取得の際に，頭金として使われることがあるが，この場合ももちろん名義人である子供の預金ではなく，積立を行った真の権利者である親の財産として取り扱われ，結果として子供への贈与となるのである。

　よく似たケースとして，年間110万円以下であれば，贈与税が課税されないとして，子供名義の口座を作り毎年110万円ずつ移動しているケースがあるが，それだけでは各年の贈与であると認められない場合もある。もちろん，通帳の管理や実質的に通帳の印鑑を誰が管理しているか等の問題もあるが，それ以上に，いつ誰からの贈与で，受贈者も受贈意思があったかどうかなど，毎年110

万円の贈与があったという主張を裏付ける資料や証拠を残すことが最低限必要となる。

そのため，子供等に贈与をする場合，贈与を行った日付の入った贈与契約書を作成し，双方に贈与・受贈の意思があった旨を立証するなどの工夫が求められる。

さらに，1回に行われる贈与金額が大きな場合，贈与自体を確実なものとするために，贈与契約そのものの信憑性も高める必要があり，公証人役場等において，日付を確定しておくなどの事前準備を行うことも重要である。

ただ，孫など年少の子供に対して高額な資金を贈与することで，実質的な受贈者の判定に疑念が生じることは否定できない。

本事案においては，実質的な預金の権利者が父であるとして，父から贈与により取得したと認定されており，また，預金の取得時期に関しても，預金が開設され入金された平成2年12月31日であるとしている。

こうした事例からもわかるように，実質的な贈与による取得時期に関しては，その贈与対象の履行を受けた日として認定されるため，仮に，贈与契約による贈与であっても，履行そのものの年度を次年度以降としたり，また，毎年行われる贈与契約に関して，ある年に数年分まとめて振込を行う場合，その履行金額と履行日をもってその年分の贈与税が課せられる場合があるため，注意が必要である。

（参考）
　国税不服審判所　平成8年2月1日裁決（ＴＡＩＮＳ検索番号Ｊ51－4－29・ＴＫＣ文献番号26011109）

Case23：贈与の事実（住宅資金の貸借と返済）

事実の概要

　納税者は，平成9年6月にマンションを購入し，購入価格3,698万円のうち手付金を引いた残金2,960万円を平成10年3月30日までに現金で支払う売買契約書を締結した。そこで納税者は，平成10年3月23日にB信用金庫との間で，弁済期限が平成12年3月31日，納税者が債務者，B信用金庫が債権者，Aを連帯保証人とする金銭消費貸借契約を結んだ。

　連帯保証人Aは，看護師である納税者と特別な関係にあったM医師の友人である。Aは，金銭消費貸借契約の担保として平成10年3月20日に同人名義のB信用金庫の定期預金3口計3,000万円を差し入れた後，平成11年9月10日に，B信用金庫に出向き，自ら定期預金3口を解約し，借入金を弁済した。

　納税者は，マンションに係る課税庁からの「お買いになった資産の買入価額などについてのお尋ね」と題する書類に「支払代金の調達方法」の「借入金」欄に「B信用金庫」「3,000万円」と自ら記載して平成11年1月18日に提出した。

　課税庁は，平成11年9月10日にAからB信用金庫の借入金3,000万円の弁済を受けているが贈与税の申告書の提出がないことを理由に，平成12年12月26日付で納税者に対して平成11年分の贈与税の決定処分並びに重加算税の賦課決定処分を行った。

納税者の主張

① 平成11年9月10日に，AがB信用金庫に弁済した借入金に相当する金員3,000万円は，納税者がAから一時的に借用したものであり，納税者は同月17日に，Aに対して3,000万円を現金で返済しており，課税庁が当該金員を

贈与に基づくものと認定したのは誤りである。

　納税者が返済した現金3,000万円の原資は，納税者がM医師との付き合いによって受領していた金銭と，納税者の身体的，精神的障害に対する慰謝料としての1,000万円であり，これらを現金で所持していたものである。

　Aは，納税者が所持している現金はM医師が渡したものであり，M医師が保証するという説明を受けたために，納税者の保証人となったのである。

　借入金の繰上げ返済は，平成11年2月にM医師が死去したことによるものである。M医師はB信用金庫との金銭消費貸借契約の手続及び返済に深く関与しており，Aの協力も得ていた。そこで定期預金の解約金をもってAが代行したのである。AはM医師が納税者に渡してある現金で一括返済を受けると聞いていたからである。

②　納税者は，平成11年9月17日に，納税者の自宅において，Aに現金3,000万円を返済している。

　Aが返済金として受け取った現金3,000万円を金融機関に預金しなかった理由は，Aが代表取締役を務める法人の事務所の建替計画があり，その支払代金に充てる予定であったためであった。ただし，当該計画は中止になったため，自宅の床柱と遊興費に使用した。

　納税者とAとの間において3,000万円についての金銭消費貸借契約書等の書類を作成しなかった理由は，納税者は手元に保管していた現金により返済する予定であったこと，借用期間が1週間と極めて短期間であったこと，弁済をした際にB信用金庫から受領した金銭消費貸借証書が3,000万円についての金銭消費貸借契約書の代わりになると考えていたためである。

③　課税庁は，納税者が調査担当職員に対してAとの3,000万円についての金銭消費貸借証書の存否に関して明確な回答をしなかったことを重要な判断材料としているが，Aが弁済を行った際にB信用金庫から金銭消費貸借証書を受領しており，後日納税者に返却している事実がある。また，納税者は，現金3,000万円に関する金銭消費貸借証書の受渡が法律的に重要な意味をもっているとは考えていない。

課税庁の主張

① 納税者は，納税者及びAが現金3,000万円に係る金銭消費貸借契約書等の書類を借用期間が1週間と極めて短期間であったことを理由に作成しなかったと主張するが，一時的に3,000万円を貸付けたとしても，いくら短期間とはいえ担保の設定等の債権の保全がないまま，何らかの証書等を作成しないで第三者間でそのような取引が行われることは不自然である。

さらに，通常，第三者間で行われる金銭の貸借において，債務者がその債務を返済した際に，その債権者から当該返済の事実を証するものとして領収書の発行を受けることは当然行われるはずであるが，納税者はAに対して3,000万円の返済を行ったのみで，領収書の発行も要請していない。

② 納税者は，課税庁の調査担当職員に対して，金銭消費貸借証書の存否に関して明確な回答をしなかったことを単に記憶が不明確であった旨を主張するが，3,000万円という金額からして当然明確な記憶が残るべきであるからAに対し金員を返済したとする納税者の主張は信用できない。

③ 納税者は，返済金の原資について，看護師としての給与収入以外に，M医師からの慰謝料等の収入があり，それらを現金により保管していた旨主張するが，このような納税者の主張は具体性に欠け何ら証拠に基づくものでないから，納税者の主張には理由がない。

④ 納税者がAから金員を借り入れ，平成11年に当該金員を返却したとは認められないこと，実際の借入期間が2年間であるにもかかわらず，課税庁からのお尋ねの「借入金から」欄に借入期間を30年間と記載して，あたかも自己が弁済可能であるがごとく仮装し，これを課税庁に提出したこと及び納税者は，調査担当職員に対して，借入金の弁済は納税者がAから3,000万円を借り入れたことによるもので，平成11年9月に金員を現金で返済した旨の虚偽の答弁を行ったことが認められる。

⑤ 借入金は納税者の給与収入の合計額を上回り，納税者にとっては極めて高

額と認められることから，納税者はＡのＢ信用金庫への弁済により，現金3,000万円の金員に相当する利益を取得したと認識していた。

審判所の判断

① 納税者は，3,000万円の返済金の原資については，納税者と特別な関係にあったＭ医師から受領したもの等によるものである旨主張する。しかし，仮にＭ医師から多額の資金提供があったとするならば，それが費消されずに，また，金融機関等で運用されずに現金で残っていたことは不自然であり，納税者はそれを裏付ける具体的な資料はない旨の答弁をしていることから，Ｍ医師から多額の資金提供を受けたと認められる証拠は見出せない。納税者には3,000万円の金員を返済するに足る相当の資金があったことは認められない。

② 納税者はＡに対して3,000万円を返済した旨主張し，その返済した事実を裏付ける資料として供述書を提出しているが，納税者の事実を証する証拠として信用できない。

③ 納税者は，3,000万円に関する金銭消費貸借契約書等を作成しなかった理由及び課税庁の調査担当職員に対して金銭消費貸借契約書の存否に関する回答が不明確だった理由を述べ，3,000万円は納税者がＡから一時的に借用した旨主張するが，納税者は3,000万円を自宅に保管していた旨主張しているにもかかわらず，Ｂ信用金庫から本件借入金の融資を受けて，しかも納税者が保管していたと主張する現金をもって返済に充てていないという不自然な取引を行っている。

④ またＡは，同人の判断で定期預金を解約し，当該借入金の繰上げ返済を行ったものと認められることから，納税者との間に一時的な借用があったとは認められない。

⑤ 以上から判断すると，平成11年９月10日に，Ａが定期預金を解約し，それをもって納税者の借入金を弁済したことから，当該弁済により納税者のＢ信

用金庫に対する債務3,000万円が消滅したものであり、そして、納税者がAに対して、債務の弁済により受けた利益に相当する現金3,000万円を返済したという事実はないと認められることから、納税者は実質的にAから贈与により財産を取得したと同様の経済的利益を得たものとみなされるのが相当である。Aが納税者の債務を弁済した事実については、相続税法に規定する第三者のためにする債務の弁済に該当し、贈与税の課税対象となるから、決定処分は適法である。

研 究

納税者名義の借入金を第三者Aが弁済したことが、相続税法第8条に規定する贈与又は遺贈により取得したものとみなす場合（債務免除等）に該当するか否か、及びその贈与税に係る重加算税の賦課決定の適否が争点となっている。

相続税法第8条は、対価を支払わないで又は著しく低い価額の対価で債務の免除、引受又は第三者のためにする債務の弁済に因る利益を受けた場合においては、当該債務の免除、引受又は弁済があった時において、当該債務の免除、引受又は弁済に因る利益を受けた者が、当該債務の免除、引受又は弁済に係る債務の金額に相当する金額（対価の支払があった場合には、その価額を控除した金額）を当該債務の免除、引受又は弁済をした者から贈与に因り取得したものとみなすと規定する。

そして、第三者のためにする弁済は、債務者以外の者が債務者に代わって弁済することをいい、まさに本事案がこれに該当するが、その行為は、債務者の委託を受ける必要はないとされる。ただし、弁済をした第三者が債務者に対して求償権を行使するときは、この求償権に相当する部分は贈与とはならない。

本事案では、AがA名義の本件定期預金の解約をもって納税者の借入金を弁済したことから、納税者のB信用金庫に対する債務3,000万円が消滅したのは事実である。

納税者はAに対して3,000万円を借入し、1週間後にAに返済したと主張している。しかし、日常生活における不自然さの感想は否めない。確かに、ごく

親しい者同士においては，金銭貸借において，わざわざ金銭消費貸借契約書を作成しないことや，金銭の授受において領収書等を交付するような形式的な行為を行わないことはあり得る。しかし，対象金額が3,000万円という高額な場合には，仮にM医師やAが資産家であったとしても，それらの文書が存在しないことは理解しがたい。

納税者やAは，B信用金庫を通じて融資や預金を行っている，つまり日常的に金融機関を利用しているにも関わらず，本事案において争点となっている高額な金員の授受について，金融機関を介在させていないというのも不自然な話となる。

やはり，実際に返済金の原資3,000万円を納税者が現金で所持していたと判断するには難しいことであるし，また，返済を受けたとする3,000万円についてAが費消してしまったというにはあまりにも高額であり，大きな疑問が残る。

結局，納税者がAに対して，債務の弁済により受けた利益に相当する現金3,000万円を返済した事実の立証が困難であるならば，納税者は実質的にAから贈与により財産を取得したのと同様の経済的利益を取得したとみなされることは，審判所の判断を待つまでもなく，当然といえる。

ただ実務的な問題として，いわゆる「お尋ね」文書に対する課税庁の反応がある。課税庁は，その主張で，「実際の借入期間が2年間であるにもかかわらず，課税庁からのお尋ねの『借入金から』欄に借入期間を30年間と記載して，あたかも自己が弁済可能であるがごとく仮装し，これを課税庁に提出した」と指摘する。この「お尋ね」文書についてその意義や制度については議論のあるところである。一般の納税者からの回答内容の精緻さや返答率も興味深い。課税庁が，その記載内容について，「仮装」という表現を使用することを踏まえると，この「お尋ね」文書を課税庁が想像以上に重視している実態がうかがえ，その安易な取扱いには，留意すべきだろう。

（参考）
国税不服審判所　平成15年3月25日裁決（ＴＡＩＮＳ検索番号Ｆ０－３－０７２）

Case24：贈与の事実（資金移動）

事実の概要

　納税者の父は，みそ，しょう油醸造の販売を業としている法人の代表者であったが，相続が開始された。その相続人は，その妻（納税者の母），長男である納税者，長女，二女，三女，四女，養子縁組をした納税者の妻，納税者の長男，納税者の二男の9名である。

　遺産分割協議については，納税者及び納税者の長男が相続財産を現物分割し，納税者が，姉妹である長女，二女，三女，四女の4名に各2,000万円の代償金を支払うことで合意した。

　納税者は，相続税及び代償金の支払について，自己の資金だけでは支払うことが困難なことから，自分の長男から3,000万円，母から1,452万円余り，妻から1,000万円を受け取った。その翌年には，母との間で資金移動が行われ，3,430万円を受け取った。

　これに対して，課税庁は，納税者の家族からの金銭受領が贈与であるとして，贈与税の決定処分，無申告加算税及び重加算税の賦課決定処分を行った。

納税者の主張

　母，妻及び長男から受け取った資金は，金銭消費貸借契約書を作成していないが，いずれも金銭消費貸借によるものであるから，贈与ではない。

　その取引について，納税者の父の会社を通した形式の公正証書を作成したのは，親族間の金銭の貸借は税務署に認められないとの税理士の助言があったためである。

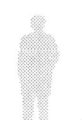

課税庁の主張

　相続税法1条の2（現行法1条の4）に定める贈与税の課税原因となる贈与は、贈与者の贈与の意思表示に対して受贈者がこれを受諾することによって成立する契約であるが、一般に妻子等自己と極めて親密な身分関係にある者の間で財貨の移動があった場合、これが租税回避の手段としてされることが少なくない。そのため、贈与税の課税に当たっては実質課税の原則に則り、実質に着目して行われるべきであることはいうまでもない。

　相続税法基本通達9－10は、夫と妻、親と子、祖父母と孫等特殊な関係がある者相互間で金銭の貸与等があった場合には、それが事実上贈与であるにもかかわらず貸与の形式をとったものでないか念査を要する旨定めているが、これは同様の理解に基づくものである。

　このように親族間で財産的利益の付与がされた場合には、後にその利益と同等の価値が現実に返還されるか又は将来返還されることが極めて確実である等（若しくは、名義上の利益付与等）特別の事情が存在しない限り、贈与であると認めるのが相当である。

　そして、本件の場合、本件取引が金銭消費貸借契約であることを裏付ける的確な資料はなく、同契約の重要な要素である返還の合意、弁済期の合意を基礎付ける事実も全く存しない。さらに、資金の出所を不明確にする仮装工作を展開している。

　したがって、納税者は、贈与税の課税を免れる意図があったというほかなく、贈与を受けたものといえることは明らかである。

裁判所の判断

　相続税法1条の4に定める贈与税の課税原因となる贈与は、贈与者の贈与の意思表示に対して受贈者がこれを受諾することによって成立する契約であるが、

一般に妻子等自己と極めて親密な身分関係にある者の間で財貨の移動があった場合，これが租税回避の手段としてされることが少なくない。そのため，贈与税の課税に当たっては実質課税の原則に則り，実質に着目して行われるべきである。

　したがって，親族間で財産的利益の付与がされた場合には，後にその利益と同等の価値が現実に返還されるか又は将来返還されることが極めて確実である等（若しくは，名義上の利益付与等）特別の事情が存在しない限り，贈与であると認めるのが相当である。

　本件において，①本件の資金移動の際に金銭消費貸借契約書は作成されておらず，返済期限も定められていなかったこと，②母，妻及び長男は納税者に対して返済を催告したり，訴訟を提起するなど返還を求める具体的な行動を起こしておらず，納税者は母らに金銭を返還していないこと，③母の相続税申告書には納税者に対して3,430万円の生前贈与がされたとの記載があること，④長男から金銭を受け取るに当たって，競売物件の仲介業を営み多額の金銭を貸し付けても不自然ではなく疑われにくい知人2名からの借入れがあったように偽装していること，⑤長男らから納税者への資金提供であるにもかかわらず，会社と納税者，会社と長男らという真実に反する不自然な公正証書を作成し，税務当局に対し取引の実態を殊更に糊塗しようとしていることなどの諸事情に鑑みれば，本件取引は贈与であると認めるべきである。

研　究

　本事案は，夫婦間及び親子間の資金移動が贈与に当たるとされた事例である。通常，贈与は，全くの他人に贈与することはあまりなく，夫婦や親子など親族間で行われることが多い。そのため，容易に資金移動を行うことができることは否定できない。

　このようなことから，実務では，納税者は，被相続人の預金残高がなければ相続税が免れるのではないかと安易に考え，被相続人が亡くなる直前にその預金残高を相続人に資金移動してしまうようなケースが多く見受けられる。つま

り，贈与の認識がなく贈与としてみなされる場合や租税回避の手段として行われる場合がある。

相続税法では，対価を支払わないで，又は著しく低い価額の対価で利益を受けた場合には，その利益を受けた者が，その利益の価額に相当する金額をその利益を受けさせた者から贈与又は遺贈により取得したものとしてみなすと規定されている（相法9）。いわゆる，みなし贈与である。

この場合に，税務の取扱いでは，夫と妻，親と子，祖父母と孫等特殊な関係がある者相互間で無利子の金銭の貸与等があった場合には，それが事実上贈与であるにもかかわらず貸与の形式をとったものであるかどうかについて念査を要するのであるが，これらの特殊関係のある者間において，無償又は無利子で土地，家屋，金銭等の貸与があった場合には，法9条に規定する利益を受けた場合に該当するとしている（相基通9－10）。

本事案の場合，納税者は，夫婦間及び親子間の資金移動については，いずれも金銭消費貸借によるものであると主張しているが，贈与税を熟知した上での租税回避行為の可能性が高い。

裁判所は，「親族間で財産的利益の付与がされた場合には，後にその利益と同等の価値が現実に返還されるか又は将来返還されることが極めて確実である等（若しくは，名義上の利益付与等）特別の事情が存在しない限り，贈与であると認めるのが相当である。」と判示している。

金銭消費貸借については，贈与とみなされないためにも，金銭消費貸借契約書の作成，その返済期限や返済方法及び利息などを明確にし，納税者が立証できるような状況にしておくことが大切といえよう。

（参考）
　津地方裁判所　平成15年12月4日判決（ＴＡＩＮＳ検索番号Ｚ253－9483・ＴＫＣ文献番号28090451）
　名古屋高等裁判所　平成16年7月15日判決（ＴＡＩＮＳ検索番号Ｚ254－9699・ＴＫＣ文献番号28141249）

Case25：贈与の事実（3年以内贈与）

事実の概要

　被相続人の共同相続人4名「配偶者，子2人，養子」は，法定申告期限までに相続税の申告をした。その後，納税者らは税務調査を受け，第1回遺産分割協議書に基づく相続税申告書において，建物更生保険がもれている旨指摘を受け修正申告を行った。さらに，後日処分庁より第2回遺産分割協議書において，配偶者が相続した財産があるため，相続開始3年以前に，被相続人から支払われていた配偶者が負担すべき金銭等が，被相続人から配偶者に対する贈与であり，相続による取得財産に加算すべき金額であるとして更正処分を受け，納税者らは当該更正処分を不服として異議申立を行った。後日，棄却の決定を受けたため，本件審査請求に至った。

　第1回遺産分割協議書において，配偶者は相続財産を取得していない。第2回遺産分割協議書においても，第1回遺産分割協議以降発見された共同住宅の建物更生保険について，共同住宅を相続した相続人の所有とし，これ以降発見された「それ以外の財産」に関しては配偶者がすべて取得するとした遺産分割協議書（第2回）を作成した。

納税者の主張

　もともと配偶者が所有する固定資産に係る固定資産税を，被相続人の預金通帳から支払ったと認定し，贈与税を課税することは，行き過ぎた課税である。これらは扶養義務者相互間における生活費の贈与であるので，非課税である。また，相続税の課税価格に含まれていないとして指摘を受けた構築物（以下「本件構築物」という）は，共同住宅の一部として，配偶者以外の相続人が取得したものであり，第2回遺産分割協議書にある，「それ以外の財産」に該当し

ないため，本件構築物は配偶者の取得財産に当たらない。

課税庁の主張

　被相続人は，配偶者の固定資産税について，平成9～12年度の第1期まで，被相続人の預金口座から支払われており，また，配偶者から被相続人に対し，当該固定資産税相当額が返済された事実は認められない。その他，配偶者が行った不動産の交換に伴う，交換差額金（以下「交換差金」という）の支払いに当てられた資金の原資は，被相続人名義の貯蓄預金であると認められる。
　これら被相続人が負担していた配偶者の固定資産税及び交換差金は，生活費等で通常必要と認められるものではないから，贈与税の非課税財産に該当しない。
　また，本件構築物は，共同住宅の建物本体と構造上一体となっている設備ではないため，第2回遺産分割協議書における，「それ以外の財産」に該当し，配偶者が取得したものである。
　つまり，配偶者は相続により財産（本件構築物）を取得しているため，交換差金，固定資産税の負担相当額は，相続開始前3年以内に行われた贈与とし，相続税の課税価格に加算して相続税額を計算する（相法19）必要がある。

審判所の判断

　被相続人の死亡日以降，相続人が取得した共同住宅は，配偶者以外の相続人の賃貸収入として所得税の申告がされている。また，第1回遺産分割協議書においても，配偶者は相続財産を取得していないうえ，本件構築物は配偶者以外の相続人が共同住宅と一緒に相続したものとして，請求人らの間では理解されている。
　つまり，配偶者は被相続人から相続財産を取得していないことから，本件相続開始3年以前に贈与により取得した財産を相続税の課税価格に加算すべき，

「相続による財産を取得した者」に該当しないことになるため、相続開始前3年以内に贈与を受けた財産を、相続税の課税価格に加算する旨の適用はない。

研　究

本事案においては、納税者の側は配偶者が相続財産を取得していない旨の遺産分割協議（第1回）を行っていたが、その後の遺産分割協議書（第2回）において、遺産分割協議書に記載されていない財産が出てきた場合、配偶者が取得するという一文が記載されていた。

その一文をもとに、課税庁が、相続税の申告書に本件構築物が記載されていないことについて、新たに発見された財産として配偶者が取得したと認定することにより配偶者も財産を取得したことを理由に、生前、被相続人から受けていた贈与に関して、相続税の課税価格に含めて更正したのである。

確かに、相続や遺贈で財産を取得した人が、相続の開始前3年以内に、被相続人から財産の贈与を受けていた場合には、相続財産に加算し計算を行うこととされている（相法19）。

そもそもこの制度は、生前贈与により被相続人の財産を減らし、不当に相続税の負担を減少させないようにするために設けられたものであるが、相続開始前3年以内に被相続人から生前贈与を受けていても、当該受贈者が相続や遺贈により財産を取得していない場合、生前贈与による財産が相続税の課税価格に加算されることはないのである。

課税庁が、当初より本件構築物自体が相続税の申告書に載っていないことをもって、後から出てきた財産であるとして、配偶者が本件構築物を取得したと認定したことは、あからさまに生前の贈与財産を相続税の課税価格に加算するため、やや強引に理由付けしたようにも見える。

本件構築物については、共同住宅に含めて他の相続人が取得したことは、請求人ら一同の合意事項であり、本件構築物を後から出てきた資産であるとして、共同住宅そのものの所有者と関係なく、単独で配偶者が取得したと認定すること自体、合理性を欠いているといっても過言ではない。

本事案からの教訓として，生計を一にしている親族間においては，各人が生活費以外の名目で，実質的に負担すべき支払等を肩代わりする場合，金額の大小にもよるが，肩代わり時点においては贈与税の，肩代わりから3年間は相続税の課税価格に加算される場合があることを忘れてはならない。

　また，すでに認知症等で本人の意思確認がとれない状況下においても，推定相続人が引き出した被相続人の預貯金に関しては，被相続人の入院費，税金の支払いなど，必ず使途を明らかにできるようにしておかなければ，引き出した推定相続人が贈与により取得した財産とされる場合があるので，注意が必要である。

（参考）
　国税不服審判所　平成16年2月27日裁決（ＴＡＩＮＳ検索番号Ｊ67－4－28・ＴＫＣ文献番号26011868）

Case26：贈与の事実（生前贈与か立替金か）

事実の概要

　相続人Dは，被相続人Aがいわゆるワンマン経営者として形成したグループ会社の取締役等を務めていた。Dは平成2年10月にグループ会社の数社から合計で11億1,000万円の借入れをして，当該借入金を株取引資金として利用していた。その後いわゆるバブル経済崩壊の影響により，企業グループ内の融資や会社の取締役に対する融資を金融機関が厳しく規制するようになり，金融機関からその返済を求められることになった。そのため，グループのトップの地位にあったAは，金融機関に対する信用を維持するため，Aの経理を担当していた甥のFに指示して，Dの借入金を返済するための資金として，平成3年7月にDの個人口座に10億円の振込を行った。その際にAからFに出された指示は，単に必要な金員を「出してやれ」という程度のもので，Dに対する金員交付の趣旨は明確ではなかったが，Fは贈与の趣旨に理解し，その後AからDに対して交付した金員の返還請求はなく，Dも金員交付の事実に関しAから贈与されたものと考えていた。

　Aは，平成8年3月に死亡し，相続が開始した。同人の子は，B（長男），C（二男），D（三男）及びE（四男）の4名であったが，C及びDは，家庭裁判所に相続放棄の申述を行い，BとEがAの遺産を共同相続した。

　課税庁は，この10億円の交付は，立替金の交付であって，その返還請求権がAの死亡を始期として免除された死因贈与となり，同金員は相続財産に含まれるとして，平成11年4月26日付けで相続税決定処分及び無申告加算税賦課決定処分をした。

納税者の主張

　Aは，Dに対する金員の交付の際，直接それが贈与であることを明言しており，また，Dに対し，一度も上記金員の返還を求めたことがないのであるから，上記金員の交付は贈与である。

　また，上記金員の交付につき，贈与契約書が作成されておらず，贈与税の申告がなされていないことのみをもって，上記金員の交付を贈与でなかったということはできない。

課税庁の主張

　AがDに交付した10億円は，Dが株取引の資金として借り入れた10億円の債務の弁済資金として交付したものであり，贈与契約書の作成がなく，Dが上記金員交付の事実を知らないまま行われたもので，AとDとの間の贈与の合意によってなされたものではない。

　また，Dの当時の収入を考慮すると，Dは上記債務を自力で弁済できたと考えられ，関係者がいずれも贈与税及びその納付のための資金を考慮せず，申告もしていない。

　Aが過去に行った他の親族に対する贈与に比して金額が余りに大きく，AのDに対する10億円の交付を贈与であったと評価することはできない。

　よって本件10億円の交付は，AのDに対する，立替金の交付であったと評価する。

　そして，Aの遺志等に照らすと，Dに対する上記立替金返済請求権については，AからDに対し，Aの死を始期とする立替金返還義務の免除が当初よりなされていたと解され，このような場合には，Dは，Aから，上記免除に係る立替金額を死因贈与されたとみなされるので，上記立替金額に対する相続税を納付する義務がある。

裁判所の判断

① グループのトップの地位にあったAは，同グループの金融機関に対する信用を維持するため，Fに指示して，Dが借入金を返済する資金として，本件10億円の交付を行った。その際にAからFに出された指示は，単に必要な金員を「出してやれ」という程度のもので，Dに対する金員交付の趣旨は明確ではなかった。Fはこれを贈与の趣旨に理解し，その後AからDに対して，交付した金員の返還請求はなく，Dも金員交付の事実に関しAから贈与されたものと考えていたと推認される。F及びDがこのように考えたことについては，Aが大変ワンマンな人物で家内でも万事がAの考えや指示で動いており，Dが株取引をして借金を抱えるようになったことについては，Aの指示が影響していて同人にも責任の一端があったことが背景にあることの各事実を認めることができ，上記金員の交付は，10億円と高額であるものの，父から子に対する金員の交付であって，Aは，生前，Dに対し，交付した金員の返還を請求せず，また，Dには，Aから返還を請求されたところで，上記金員のような高額な金員を返済するだけの資力はなかったことが認められる。

以上の事実関係に照らせば，Aは，自ら築き上げてきたグループの信用維持を図り，実子であるDの急場を救うため，Dに対し，その借入金の返済資金として，上記金員を贈与し，Dもこれを承諾していたと認めるのが自然かつ相当であり，Aが，Dに対する上記金員の返還請求につき，自らの死亡を始期として始期付免除をしたと評価するのは技巧的に過ぎるといわなければならない。

② 課税庁は，上記金員の交付が贈与ではなく立替金の交付であることの根拠として，上記金員の交付がグループの信用維持という経済的必要性に基づくものであること，高額の金員の贈与であるにもかかわらず贈与契約書等の作成がないこと，Aが他の親族に対してこのように高額な金員の贈与をしたことがないこと，Dにその借入金を返済する資力があったことなどを主張する

が，いずれも上記金員の交付が贈与ではなく立替金の交付であることを根拠付ける事実としては薄弱であることに加え，Dに返済資力はなかったと認められることを考え合わせれば，課税庁の主張は採用できない。
③　贈与税の申告の有無と贈与の有無とは直ちに結びつくものではない。贈与税の申告あるいはその準備行為をした形跡がないからといって，この事実を過度に重視するのは相当ではない。

　以上により，本件10億円の交付はAからDに対する生前贈与と評価され，この贈与は本件相続開始日前3年以内の贈与ではないから，本件相続税の課税対象財産とはならず，Dに本件相続税の納税義務はないといえる。

　よって，これを認容することとし，被告が平成11年4月26日付けでした決定処分及び無申告加算税賦課決定処分を取り消す。

研　究

　立替金とは一般的には，他者の債務または費用を一時的に用立てした際における勘定科目とされており，受益者が立替者の金銭支出の事実を未だ認識し得ない状態（立替金支出が受益者に未通知）にある時でも発生する。民法上は直接に「立替」の文言は規定されていないが，任意代位（民法499条），受任者による費用等の償還請求等（民法650条）の内容がほぼこれに該当する。借入金（金銭消費貸借）は，内容が法的に確立されており，借主が同種・同質・同量の物（金銭）を返還することを約して貸主から一定の金銭その他の代替物を受け取ることによって成立する契約である（民法587条）。

　したがって，口頭，無利息，無期限の金銭消費貸借も双方の意思が合致する限り成立し得るが，課税庁はこのような金銭消費貸借を，貸主が法人の場合には，「賞与」か「寄付金」の受領，個人の場合は「贈与」として課税してきた。

　「立替金」か「借入金（金銭消費貸借契約）」かの区分に関しては，注意すべきことがある。代位弁済に関して民法上は「立替金」であることは上で述べたが，税務上は「贈与」か「借入金」に行き着く。代位弁済をしてもらうということは，本人にはすぐ返済できるほどの資力がないため，「払えない」か「延べ払

い」にならざるを得ない。「払えない」のであれば、「贈与」となるし、「延べ払い」というのであれば、「借入金」になる。

　代位弁済者が他人の場合は当然、契約書を作成するのに対し、親子間では、つい契約書の作成を失念してしまいがちである。課税庁は、借入金の認定に関し「契約書」の存在を重視している。外見上客観的に第三者に対し主張し得る書類はこれしかない。「借入金」であると主張したい納税者は、なおのこと証拠書類を作成すべきであるといえるし、書面を作成しないのであれば、贈与と判断される可能性は極めて高いと考えられる。逆に贈与の認定でよいと考える代位弁済を受けた納税者は、相続時精算課税制度の利用を検討すべきであろう。

　贈与による財産の取得時期がいつであるのかという問題に関しては、相続税法には特段の定めがない。税務の取扱いでは、書面によるものについてはその契約の効力の発生した時、書面によらないものについてはその履行の時（相基通１の３・１の４共－８）とされている。これは、書面によらない贈与は、その履行が終わるまでは各当事者においていつでもこれを取り消すことができるため（民法550条）、贈与税の納税義務の成立時期を意思表示の合致の時（民法549条）とすると、いつ贈与契約が取り消されるかも知れないからである。本事案も10億円交付時が履行の時期であり、課税要件が充足しているため、その課税時期において贈与税が課税されなければならなかった。

　本事案では、課税庁の見解は異例の理論構成をとっている。これは、上記のような本来の理論構成からでは贈与とせざるを得ず、かつ贈与税を課すには時効が成立してしまっている。そこで相続時に死亡を始期として始期付免除をしたという理論を構築してみたが、裁判所から「いささか技巧的すぎる」と判示された。至極当然である。

（参考）
　静岡地方裁判所　平成17年３月30日判決（ＴＡＩＮＳ検索番号Ｚ255－09982・ＴＫＣ文献番号28102023）

Case27：贈与の事実（債務承継）

事実の概要

　Aは，平成9年に死亡し，その養子であるB，C，Dの3名が法定相続人であったが，相続開始後にBは相続を放棄した。亡Aは，生前，財産をC，D，E（Dの夫）の3名に遺贈する旨の遺言を公正証書によりしており，また，相続開始後である平成11年10月30日，C及びDは，それぞれ，DとEの子である納税者らあてに「私は，右被相続人の相続開始による相続分の一部をあなた方に譲渡します。」と記載した譲渡証書を作成した。そして，平成12年1月27日，D，C，E，納税者らの間で，遺産分割協議が成立し，納税者らもそれぞれ財産を取得した。

　納税者らは，亡Aの相続開始に係る相続税について各申告したところ，課税庁が，相続税について，納付すべき税額を零円とする各更正処分をするとともに，平成14年7月2日付けで平成12年分の贈与税について，決定処分及び無申告加算税の賦課決定処分を行った。

　これに対し，納税者らは相続税の納税義務者に該当し，相続分譲渡により得た利益は相続税法9条に規定するいわゆるみなし贈与財産には当たらない等として，本件各決定処分等の取消しを求めた。

納税者の主張

① 譲渡する相続分の特定は，各当事者が遺産分割協議等を経て個々の財産について最終的な持分を取得する段階までに確定できれば足りるのであって，「一部」譲渡の時点で，具体的な分数的な割合が決まっていなければならないものではない。相続分の一部譲渡の時点から，その後に引き続きなされる遺産分割協議で最終的な相続分の取得割合が決まるまでを一連の行為とみるべきであって，相続分の具体的な取得割合については，相続分の一部譲渡の

時点においては単に「一部」とするだけで，その具体的な取得割合をその後引き続きなされる遺産分割協議において決めるという方法も当然認められて然るべきである。
② 相続分の一部譲渡の時点では，「一部」の内容が具体的に決まっていないからといってその一部譲渡それ自体が無効という被告の主張は不当な解釈である。そもそも相続分は相続を受ける権利又はその地位を指すものであり，判例も「具体的な相続財産の持分権を取得するまでの暫定的な権利状態」を意味するものとしているから，一部譲渡の段階において分数的割合が明示されていなければならないという論理的必然性はないというべきである。
③ 納税者らは，共同相続人であるC及びDから相続分を譲り受けているが，相続分の譲渡とは，相続によって承継した権利義務の総体である相続人の地位を譲渡することをいうと解され，積極財産のみならず消極財産を譲り受け，納税者は相続分を譲り受けたことによって相続人の地位を承継している。このことは，相続分の譲受人が共同相続人と同じ資格で遺産分割協議に参加できると解されていること，相続分の譲渡は相続人の地位を譲渡することを意味し，その譲受人は債務も承継すると解されていること，民法909条が遺産分割の遡及効について規定し，相続分の譲渡による権利移転は遺産分割により，遺産は被相続人から相続分の譲受人に直接移転したことからも裏付けられる。そうすると，納税者らは，相続税法1条1号（現行法1条の3第1号）の「相続に因り財産を取得した個人」に当たり，相続税の納税義務者であって，納税者らが遺産分割により取得した財産については，相続税が賦課されるべきである。
④ 納税者は相続税の納税義務者であって，贈与を受けた者には当たらない。課税庁は，平成12年1月27日の遺産分割協議をもってC及びDから納税者らに書面による贈与があったとみるべきと主張するが，納税者らの財産取得につき上記遺産分割協議をもって書面による贈与があったとみるのは納税者ら，C及びDの合理的意思解釈としては無理がある。合理的意思解釈は，当事者の利益のためになされる解釈であるが，本件の場合，相続分の一部譲渡に伴

う遺産分割協議の意思表示を書面による贈与契約が行われたとする課税庁の解釈は，贈与税を賦課するための解釈論であって，納税者ら，C及びDの誰も望んでいない解釈である。
⑤　課税庁は，審査請求の段階で，相続分の譲渡によって納税者らが受けた利益が相続税法9条に当たる旨主張しているが，これは同条の「対価を支払わないで又は著しく低い価額の対価で利益を受けた場合」の解釈を誤ったものである。相続税法4条ないし9条が「贈与に因り取得したものとみなす」とする「利益」の内容は，いずれも金銭的な評価がなされる具体的な財物と解されるところ，相続分の譲渡は，具体的な財物ではなく，抽象的な相続を受ける権利又はその地位を譲り渡すことにほかならないのであって，相続分を譲り受けることは，相続税法9条の「利益を受けた場合」に当たらない。相続分譲渡による権利移転は，遺産分割までの暫定的なものにすぎず，その後の遺産分割により遺産は被相続人から相続分の譲受人へ直接移転したことになる。

課税庁の主張

①　納税者らは，亡Aの相続人であるC及びDから，各相続分譲渡証書の差入れを受けているところ，各相続分譲渡証書は，「被相続人の相続開始による相続分の一部をあなた方に譲渡します。」としか記載されておらず，譲渡の対象となる相続分の範囲が特定されていない。相続分の譲渡（民法905条1項）により，譲受人は，相続人とともに遺産共有者としての地位に立つところ，譲渡される相続分の範囲が特定されなければ，共有持分の割合が不明であるばかりか，本件のような，単に「一部」という抽象的範囲でのみ合意したにとどまり，範囲ないし具体的割合が不確定の相続分の贈与については，いかなる相続分の割合で分割するのかについて特定できず，家庭裁判所において遺産分割の審判ができないこととなる。したがって，譲渡の対象となる相続分の特定のない各相続分譲渡証書にある抽象的な一部譲渡は，相続分の一部

譲渡として特定性を欠き無効である。

②　相続税法における「相続」の概念は，私法におけると同じ意義に解すべきであるところ，民法882条等における「相続」とは，自然人の法律上の（財産的）地位を，その者の死後に，相続人と称する特定の者に包括的に承継させることであり，民法は，相続人については，配偶者のほか，法律に定められた被相続人の一定の範囲の近親者に限定して法定相続人として定め，法定相続人以外に被相続人の指定によって相続人をつくることはできないとしている。現行民法における相続制度ないし相続概念は，被相続人と一定の身分関係にあった者に遺産を帰属させるという要素を不可欠の前提としているものであり，法定の相続人を超えて，被相続人により相続人を創設することはできず，ましてや第三者ないし相続人が，新たに法定外の相続人を創設することを許容するものでないことは明らかである。被相続人と相続人以外の者との間では，「相続」という概念を想定し得ないものと解されるところ，納税者らは，亡Aの養子であるDの子であり，亡Aの法定相続人ではないから，亡Aの遺産を「相続」することはあり得ない。したがって，納税者らは，相続税法1条1号（現行法1条の3第1号）の「相続」により亡Aの財産を取得した個人に当たる余地がない。

③　仮に，各相続分譲渡証書の差入れによる相続分の「一部」譲渡を相続分の一部譲渡として有効としても，納税者らの主張のように，民法909条本文を根拠に，相続分を譲り受けた者が，初めから相続人であったことになると解することはできない。

　　すなわち，遺産分割の遡及効を規定した民法909条本文の趣旨は，被続人に属していた一切の権利義務がいったん共同相続人の共有に属し，これが後になされた遺産分割という手続により，個々の財産が特定の相続人に分割・帰属したことを，この間の法律関係の簡明化を図るとの観点から，それぞれ被相続人からの直接の承継であるかのごとくの法律構成をするために設けられた擬制である。遺産分割の遡及効は，相続開始による共同相続人の遺産共有の状態にあったことまで否定するものではなく，相続分の譲受人である第

三者が遺産分割により現実に財産を取得するのは，飽くまで相続により相続人がいったん取得した相続分（権利）の移転が介在した結果なのである。そうすると，相続開始後に発生した相続人の行為に基因し遺産分割協議によって財産を取得した共同相続人以外の第三者は，直ちに民法上の「相続」により財産を取得したとは言い難い。また，相続人が取得した具体的な相続財産を第三者に移転する場合には，相続人が相続税を負担するが，この場合と，遺産分割前に取得した相続分を移転する場合とで，相続人における相続税の課税の有無を異にする合理的な理由は見当たらない。

④ 納税者らは，亡Aの相続財産を平成12年1月27日の遺産分割協議によって具体的に取得しているが，遺産分割協議は，その前提となる相続分の一部譲渡が前記のとおり無効であるから，本来参加する資格のない納税者らが参加して成立している点で瑕疵があるといわざるを得ない。しかし，納税者らを遺産分割協議に参加させた相続人C及びDの合理的な意思は，自らの相続分の範囲内で，納税者らに相続財産の一部を与えることにあるというべきであるから，遺産分割協議は，相続人C及びD並びに受遺者Eの間の遺産分割協議とともに，相続人C，Dから納税者らに対する相続財産の一部の贈与契約が遺産分割の形式で同時に締結されたものと解される（本件では，遺産分割協議書が作成され，C，Dの署名押印があるから，この遺産分割協議書をもって，納税者らに対し書面による贈与が行われたとみることができる）。したがって，納税者らは，遺産分割協議の時点で，相続人C，Dから相続財産の一部を贈与契約により取得したものというべきであるから，納税者らは，贈与により財産を取得した個人に当たり，贈与税の納税義務を負うものである。

裁判所の判断

1 一部譲渡の有効性については，裁判所の判断が分かれる。
　　第一審の判断は，以下のとおりである。
　　民法905条は1項で「共同相続人の1人が遺産の分割前にその相続分を第

三者に譲り渡したときは，他の共同相続人は，その価額及び費用を償還して，その相続分を譲り受けることができる。」，2項で「前項の権利は，1箇月以内に行使しなければならない。」と規定し，共同相続人の1人が相続開始から遺産分割までの間にその相続分を，第三者に譲り渡すことができることを認めている。そして，相続分の一部譲渡もこれを私法上無効と解すべき特段の根拠を見出せないところ，相続分は具体的な相続財産の分配を受けるまでの暫定的な権利状態であり，「一部を譲渡する」との意思表示の段階において必ず分数的割合が明示されていなければならないとまでは解することはできない。なぜなら，譲渡人・譲受人の当事者間においては，最終的な遺産分割までの間に具体的な割合についての合意ができれば足りると考えられるからである。そうすると，相続分一部譲渡は有効と認められる。

2 控訴審の判断は，以下のとおりである。

① 相続分の一部譲渡が有効であるためには，譲渡の対象となる相続分について，その相続財産全体に対する割合が確定していなければならない（譲渡に係る合意自体で確定していなくても，同合意において当事者の定めた標準ないし解釈によって確定し得るものでなければならない）と解されるが，本件においては，納税者らあてに作成された相続分譲渡証書には，その具体的割合や標準等の定めがなく，解釈によっても相続分を確定することもできないものであるから，相続分一部譲渡は，内容を確定し得ないものとして無効である。

② 相続税法1条の3において規定する納税義務の前提となる「相続」の概念は，私法における「相続」と同じ意味に解すべきであるところ，民法882条等における「相続」とは，自然人の財産上の地位を，その者の死亡を原因として，相続人と称する特定の者に包括的に承継させることであり，民法は，相続人を配偶者のほか，法律に定められた被相続人の一定の範囲の近親者に限定して定め，それ以外に被相続人の指定によって相続人を創設することはできないと解される。そうすると，第三者ないし相続人が，新たに法定外の相続人を創設することを許容するものでないことは明らかで

ある。

　したがって，納税者らは，亡Aの養子であるDの子であり，亡Aの法定相続人ではないから，相続人となることはできず，相続税法1条の3第1号の「相続」により亡Aの財産を取得した個人に当たらないというべきであり，相続税の納税義務者ではないというべきである。

　遺産分割の遡及効を規定した民法909条本文の趣旨は，被相続人に属していた一切の権利義務がいったん共同相続人の共有に属し，これが後になされた遺産分割という手続により，個々の財産が特定の相続人に分割・帰属したことを，この間の法律関係の簡明化を図るとの観点から，それぞれ被相続人からの直接の承継であるかのごとく法律構成するために設けられた擬制であり，相続開始によって共同相続人が遺産共有の状態にあったことまで否定するものではない。相続分の譲受人である第三者が遺産分割により現実に財産を取得するのは，飽くまで相続により相続人がいったん取得した相続分の譲受けによるものであり，相続開始後に発生した相続人の譲渡行為に基因するものであるから，当該第三者は，遺産分割協議によって財産を取得したとしても，直ちに民法上の「相続」により財産を取得したということはできないのである。

　納税者らは，亡Aの相続財産を本件遺産分割協議によって具体的に取得しているが，納税者らに自らの相続分の一部を譲渡し，納税者らを遺産分割協議に参加させた相続人C及びDの合理的な意思は，前後の状況からして自らの相続分の範囲内で，納税者らに相続財産の一部を取得する地位を付与することにあったというべきである。

③　納税者らは相続税の納税義務者ではないので，納税者らが遺産分割協議により土地に対する共有持分権を取得し債務を承継した結果受けた経済的利益は，対価を支払わないで共同相続人から受けた経済的利益であって，経済的実質において，贈与と同じであるから，納税者らは，相続税法1条の4第1号にいう「贈与に因り財産を取得した個人」に当たるというべきであり，仮にそうでないとしても少なくとも納税者らは，相続税法9条の

「対価を支払わないで利益を受けた場合」に当たるというべきであるから，納税者らについては贈与税が課税されるべきである。

なお，納税者らは，「本件相続分一部譲渡契約や遺産分割協議において納税者らが亡Aの債務を承継した事実はないのに，課税庁が贈与税の計算に当たり債務を控除して計算しているのは矛盾である。」旨主張する。しかし，納税者らは平成12年6月20日付の相続税の修正申告書において，債務及び葬式費用として，納税者甲は2,655万9,160円を，納税者乙と納税者丙はそれぞれ2,586万5,678円を引き継いだ旨記載していることが認められる。そうすると，納税者らの議論は前提を異にするものであり，課税庁において本件各決定処分において納税者らが遺産分割によって得た利益から債務を控除して税額を計算したことに不合理な点はない。

以上から，課税庁の本件各決定処分等は適法であると認められる。

研究

① 「相続分の一部譲渡」の有効性について，学説は，肯定説（有泉亨『新版注釈民法(27)』293頁）が多数説であるが，否定説（鈴木禄弥『相続法講義』1996年，186頁）も主張されている。

一審判決では，「相続分の一部譲渡」について肯定するとともに，一部譲渡の意思表示時点での具体的取得割合の明示までは必要とされなかった。一方，控訴審判決では，「相続分の一部譲渡」の可否については可能としたものの，本件においては，譲渡証書上に譲渡の対象となる相続分について，相続財産全体に対する具体的な分数的割合の記載がないことを理由として相続分の一部譲渡は無効と判示した。

② 共同相続人以外の者が共同相続人から相続分を譲り受け，その後の遺産分割により財産を取得した場合に相続税の納税義務者に該当するか否かが争点となる。裁判所は，相続分譲受人は相続税の納税義務者に該当しないと判示した。

本事案は，共同相続人以外の相続分の譲受人である納税者らが相続財産の

持分を取得するのは，相続を原因としたものではなく，相続分の一部譲渡という行為によるものであるからその財産取得において相続税が課されることにはならない。

　すなわち，相続分の譲受人となる者が遺産分割によって財産を取得するのは，まず相続人が被相続人より相続を原因として取得した財産を相続開始後に譲り受けることになる。したがって，相続分を譲り受けた共同相続人以外の者は，民法上の「相続」により財産を取得した者には該当しないため，相続税の納税義務者とならないことになる。

③　さらに，納税者らが遺産分割協議の結果得た利益に贈与税を課すのが相当か否かが争点とされた。納税者らは，被相続人の相続財産の割合的持分を対価なしで譲り受けた後に，遺産分割協議により当該財産を取得していることから相続税法1条の4第1号（法改正前1条の2第1号）「贈与に因り財産を取得した個人」に該当し贈与税が課税されることとなる。

（参考）
　さいたま地方裁判所　平成17年4月20日判決（ＴＡＩＮＳ検索番号Ｚ255－10006・ＴＫＣ文献番号28111840）
　東京高等裁判所　平成17年11月10日判決（ＴＡＩＮＳ検索番号Ｚ255－10197・ＴＫＣ文献番号28111839）
　最高裁判所　平成18年5月22日　上告不受理（ＴＡＩＮＳ検索番号Ｚ256－10401・ＴＫＣ文献番号25450868）

Case28：低額譲渡（農地）

> **事実の概要**
>
> 納税者は，甲（納税者の姉の夫）からA地を500万円で，乙（納税者の兄）からB地を700万円でそれぞれ買い受けた。課税庁は，納税者に対し，A地及びB地の譲受けがいずれも相続税法7条に規定する著しく低い価額の対価で財産の譲渡を受けた場合に該当するとして，昭和51年分の贈与税決定処分を行った。

納税者の主張

相続税法7条に定める「著しく低い価額の対価」とは，譲渡の対価がその譲渡にかかる財産の相続税評価額の2分の1を下回る場合をいうものと解すべきである。

したがって，A地及びB地の売買価額は，いずれも相続税評価額の2分の1を上回るから，それらの譲渡は相続税法7条の低額譲受に該当しないというべきである。

課税庁の主張

B地の譲渡当時の現況は，道路に面した宅地であるから，その相続税評価額は，固定資産税評価額に1.5の倍率を乗じた計算となる。したがって，B地の相続税評価額は1,287万2,925円となる。

また，A地の譲渡当時の現況は，B地より約30cm低い雑種地であるから，A地の相続税評価額は，B地の評価方法に準じて計算した金額によることとなることから，A地の相続税評価額は1,140万3,990円となる。

A地の売買価額は500万円，B地は700万円にすぎず，それらの土地の相続税

評価額及び実勢価額等に比して著しく低いから，納税者のそれらの土地の譲受けは，相続税法7条の規定にいう低額譲受に該当するものである。

裁判所の判断

　著しく低い価額の対価の意義については，所得税法59条1項2号に係る同法施行令169条のような規定がないところ，相続税法7条は，著しく低い価額の対価で財産の譲渡を受けた場合には，法律的には贈与といえないとしても，実質的には贈与と同視することができるため，課税の公平負担の見地から，対価と時価との差額について贈与があったものとみなして贈与税を課することとしているのであるから，右の規定の趣旨に鑑みると，同条にいう著しく低い価額の対価に該当するか否かは，当該財産の譲受けの事情，当該譲受の対価，当該譲受に係る財産の市場価額，当該財産の相続税評価額などを勘案して社会通念に従い判断すべきものと解するのが相当である。

　A地の相続税評価額は1,140万3,990円，B地のそれは1,287万2,925円であるところ，A地の売買価額は500万円，B地のそれは700万円にすぎず，その差額は，A地につき640万3,990円，B地につき587万2,925円にも達するのであるから，本件売買の経緯を考慮しても，売買価額はいずれも課税の公平負担の見地に鑑みれば著しく低い価額の対価（相法7）であると認めるのを相当とする。

研　究

　本事案は，相続税法7条にいう「著しく低い価額」とは，時価の2分の1未満の価額をいうのか否かについて争われた事案である。

　税務の取扱いでは，個人間において，著しく低い価額の対価で財産の譲渡があった場合，その財産の時価と実際の対価との差額については，譲渡した者からその財産を譲り受けた者が贈与により取得したものとみなして，贈与税を課税することとされている。

　すなわち，著しく低い価額で財産の譲渡があった場合に，その財産を譲り受

けた者がそれにより受けた経済的利益に着目した，いわゆるみなし贈与の規定である。

しかし，相続税法7条に定める「著しく低い価額」については，何ら定義がされておらず，特に親族間等の取引については，税務トラブルが多く見受けられる。したがって，親族間での不動産の売買を行う場合には，売買価額の決定が重要となり，注意が必要である。

本事案では，相続税法7条にいう「著しく低い価額」とは，所得税法に定められているものと同様の解釈をしてよいのかということが争われている。

納税者は，「所得税法施行令169条は，同法59条1項2号を受けて，同規定にいう著しく低い価額の対価とは，資産の譲渡の時における当該資産の価額の2分の1に満たない金額をいうものと規定しているところ，これは他の税法におけるいわゆる低額譲渡についても1つの基準となり得るものである」と主張している。

所得税法では，個人が，法人に対して，譲渡所得等の基因となる資産を著しく低い価額の対価で譲渡した場合には，その時の時価によって譲渡したものとみなすと規定している（所法59①）。この場合の「著しく低い価額」とは，時価の2分の1に満たない金額とするとし，低額譲渡の範囲を規定している（所令169）。

これについて，裁判所は，著しく低い価額の対価の意義については，所得税法59条1項2号に係る同法施行令169条のような規定がないとし，著しく低い価額の対価に該当するか否かは，当該財産の譲受けの事情，当該譲受の対価，当該譲受に係る財産の市場価額，当該財産の相続税評価額などを勘案して社会通念に従い判断すべきものと解するのが相当であると判示している。

納税者は，売買価額について，「できるだけ買主の出捐額を少なくし，売主には現実の所得が多くなるようにと節税を図るため，その売買価額を決定するに際し，相続税法7条の適用を受けない範囲でできるだけ安い価額に決めようとしたものであり，このような節税行為はもとより正当である」と主張していた。

親族間の取引においては，贈与が最も発生しやすい間柄であり，価額も自由

に設定しやすい関係にあることから，相続税法7条を適用されるケースが多い。

　資産を譲渡する場合には，後に課税庁とトラブルが起きないようにするためにも，譲渡時の価額は明らかにしておかなければならない。

　相続税法7条の規定は，個々の具体的な事例に基づいて，その適用の可否を判定することから，著しく低い価額でないことを立証できるような資料を備えておく必要がある。

（参考）
　横浜地方裁判所　昭和57年7月28日判決（ＴＡＩＮＳ検索番号Ｚ127－5037・ＴＫＣ文献番号21076830）
　東京高等裁判所　昭和58年4月19日判決（ＴＡＩＮＳ検索番号Ｚ130－5178・ＴＫＣ文献番号21078070）

Case29：低額譲渡（同族株式）

事実の概要

　納税者らは，株式会社甲社（非上場会社）の同族株主であり，同社の従業員らから譲り受けた甲社株式について，甲社社長の妻Aの昭和56年分の贈与税，長男Bの昭和54年分ないし昭和56年分の贈与税，同族株主Cの昭和56年分の贈与税について，贈与税の申告をしていなかった。納税者らは，株式の譲受価額は，従業員持ち株会の意見として，額面金額の3倍程度の価額を「時価」と決め，一株当たり156円から163円と算定していた。

　課税庁は，甲社の株式は「非上場株式」であり，納税者らは相続税財産評価に関する基本通達にいう「中心的な同族株主」に，かつ甲社は同じく「大会社」にそれぞれ該当するところ，評価通達に定められた大会社の株式の原則的評価方式である「類似業種比準方式」により本件株式及び受贈株式の評価額を257円から365円と算定した。

　納税者の主張する価額は，財産評価基本通達に基づく類似業種比準方式による評価額と比べて著しく低額であるから，相続税法7条の規定を適用し，右評価額と譲受価額との差額に相当する金員を従業員から贈与を受けたものとみなされるとして，贈与税の決定処分及び無申告加算税の賦課決定処分を行った。

　納税者らは，課税庁の処分は納税者A，B，Cらが譲り受けた甲社の株式の価額を過大に認定し，これと譲受価額との差額を贈与とみなしてされたものであるから違法であるとして，異議申立及び審査請求を経て処分の取消しを求めて出訴した事案である。

納税者の主張

① 甲社は従業員持株制度を採用しているため，昭和52年証券会社に発行株式の売買適正価額の評価を委託する一方，従業員等を含む株主全員に対し売買希望額についてのアンケートを求めたところ，額面の3倍程度の価額が妥当であるとの意見が過半数であったことから，それ以降はおおむね額面の3倍の価額をもって，退社に伴い株式売却を希望する従業員とその取得希望者との仲介の労をとり現在に至っている。株式の譲受価額は売買当事者が対等で自由な立場に立って主張し，双方の合意によって決定されたもので正常な売買に基づく適正な価額であるから，相続税法7条の著しく低い価額に該当しない。

② 有償取引行為を対象とする同法7条の時価は，無償による財産の移転を前提とする同法22条の時価とその意義を異にするから，前者の評価は評価通達によるべきではなく，具体的事例に即し社会通念に従い，同法7条の目的に照らしてなされるべきである。

③ 相続税法における贈与概念は民法からの借用概念であるから，その意義は民法における定義と同一でなければならず，したがって贈与者の財産減少と受贈者の財産増加が必須であるが，株式の譲渡人らは，同人らが株式を取得する場合の評価方式である配当還元方式による評価額よりも高額である，額面のおおむね3倍の価額で株式を譲渡したから，同人らの財産減少は見られず相続税法7条の適用はない。このことは，贈与税が相続税の補完税としての機能及び存在意義を有することからも根拠づけられる。

④ 財産評価理論は本来流動的であるべきにもかかわらず，課税庁は評価通達を金科玉条として財産評価方式を固定化し，その評価理論をもって法解釈を行うという不当な論理構成をしている。そのために，同族株主は非同族株主から株式を譲り受けるに際し，低額で譲り受けて贈与税を納付するか，低額譲受可能な株式をあえて高額で譲り受けるかの二者択一を迫られることとな

り，元来合理性を旨とする財産評価がこのような不合理な取引を強要し，また，租税法が私的経済取引を規制する結果に至っている。課税庁のかような態度は非常識の上に成り立っているとのそしりを免れない。
⑤ 仮に，相続税法7条の時価と同法22条の時価の意義に差異はなく，甲社株式についても評価通達によって価額を評価できるとしても，類似業種比準方式による価額は同族株主の有する企業支配力を前提とするもので，その市場は相対的に限定され，かつその価額は同族株主にして初めて認識し得る主観的な価値にすぎないから（この意味で不動産鑑定評価基準にいう限定価格に近い），上記の方式により価額を評価するのは相当でなく，不特定多数の者である同族株主以外の者が有する株式の評価のために適用される配当還元方式による算定価額が同法7条の時価とされるべきである。納税者らは右時価よりも高額である額面のおおむね3倍の価額で本件株式を譲り受けたから，右価額は著しく低い価額ではない。

課税庁の主張

① 甲社の株式は非上場株式であり，納税者らは相続税財産評価に関する基本通達にいう「中心的な同族株主」に，かつ甲社は同じく「大会社」にそれぞれ該当するところ，評価通達に定められた大会社の株式の原則的評価方式である類似業種比準方式により本件株式及び受贈株式の評価額を算定している。
② 右算定評価額は本件株式及び受贈株式の譲受時又は受贈時における時価であるところ，納税者らが株式を譲り受けた価額は譲受時の時価に比して著しく低いから，相続税法7条によりその差額に相当する金額は納税者らが譲渡人から贈与により取得したものとみなされる。したがって，株式についての差額合計額及び受贈株式についての受贈額を併せた金額が贈与税の課税価格となるため処分に違法はない。
③ 証券会社による評価額は甲社株式の売買において活用されていないし，また売買価額が合理的であるか否かは当事者からの異論や苦情の有無とは無関

係である。なお，相続税法7条の時価が同法22条の時価とその意義を異にするとの主張は納税者ら独自の見解で失当である。
④　株式の譲渡人は類似業種比準方式による評価額でこれを譲渡できたにもかかわらず，それより低額でこれを納税者らに譲渡したことになるから，譲渡人に財産の減少が見られ，贈与の定義に符合する。租税が私的経済取引を規制し又は決定する機能を有することは，現実の取引において否定できない。

裁判所の判断

納税者の請求を棄却。理由は以下のとおりである。
①　相続税法7条によれば，「時価」とは，課税時期において，それぞれの財産の現況に応じ，不特定多数の当事者間で自由な取引が行われる場合に通常成立すると認められる価額をいうと解される。
②　相続税財産評価に関する基本通達が取引相場のない同族株主のいる大会社の株式について株式取得者の事実上の支配力の有無により類似業種比準方式又は配当還元方式によることとしている理由は，右会社のすべての株式価額は本来類似業種比準方式により算定されるべきであるが，これには多大の労力を要し，かつ一般的に算定価額がかなり高額になることから，持株割合が僅少で会社に対する影響力を持たず，ただ配当受領にしか関心のないいわゆる零細株主が取得した株式について上記方式により算定することは適当でないため，このような株主の取得する株式の評価は特例として簡便な配当還元方式によるものとしたことにあると考えられ，1つの評価対象会社につき2つの株価を認めたわけではなく，あくまでその株式の時価は類似業種比準方式により算定される価額によるものというべきであって，右のような取扱いの結果，零細株主は時価より低い評価額で課税される利益を得ることとなるが，右のような合理的理由に基づく以上，上記取扱いを違法とまでは断じ難い。
③　同一会社の従業員と同族株主間における株式譲受価額は自由な立場に立つ

売買当事者の合意に基づく適正な価額である旨の主張について，右当事者間の合意に基づく価額は不特定多数の当事者間での自由な取引とはいい難く，また証券会社による評価価額が価額決定の参考とされていないことからしても，これをもって適正な価額であるということはできないし，また，相続税法7条（贈与又は遺贈により取得したものとみなす場合－低額譲受）の時価が同法22条（評価の原則）の時価とその意義を異にするとの明文の規定は同法中に見当たらず，かつそのように解すべき明白かつ合理的な理由も存しないから，両概念の内容が異なる旨の主張は失当である。

相続税法7条の適用において，問題となるのは譲受時の対価が「時価」に比べて「著しく低い価額」か否かの判定についてである。そして，課税実務においては，その具体化が財産評価基本通達による評価方法に基づくことである。

研　究

相続税法上の「時価」の意義については，一般的に，不特定多数の当事者間で自由な取引が行われる場合に通常成立すると認められる価額，すなわち，客観的交換価値によるものと解されている。さらに，「著しく低い価額」による譲渡に該当するかどうかは，当該財産の譲渡の事情，当該財産の譲渡価額と相続税評価額との対比，同種の財産の市場価額の動向を勘案して社会通念に照らして判断すべきであると解されている。この「著しく低い価額」についての先行判決として，非上場株式については，時価の4分の3未満を指すと解するのが相当であるとする判決がある（大阪地裁　昭和53年5月11日（行裁例集29巻5号943頁））。

本事案では，納税者らは，同一会社の従業員と同族株主という限定された当事者間の合意に基づく本件株式の譲受価額は，自由な立場に立つ売買当事者の合意に基づく適正な価額として，従業員持ち株会の意見として，額面の3倍程度の価額を「時価」であると算定した。

ところが，課税庁は，甲社の株式は，評価通達に定められた大会社の株式の原則的評価方式である「類似業種比準方式」によるものとして「時価」を算定

した。裁判所の判断も，評価通達に具体的評価方式が規定されていることから，本事案においても，評価通達が規定する「原則的」方法の類似業種比準方式で算定すべきであるとした。

　本事案では，非上場同族会社の株式の「時価」評価の方法が争点の１つとなっているが，そもそも訴訟において納税者が主張している「配当還元方式」による算定価額は，譲受時には採用していない。実際には，従業員持株会へのアンケートにより「時価」評価していることから考えると，当時納税者には，評価通達の知識がなかったのではないかと推測されるのである。

　上場株式の「時価」は，市場によって評価されていることは周知の事実である。しかし，非上場会社が税法上同族会社と判定された場合，自社株式の「時価」評価の算定方法について習熟している経営者は少ない。本事案では，租税回避目的で行われたのでないにも関わらず（同法７条は，租税回避の意図・目的があったか否かを問わないが），無申告加算税まで賦課された。

（参考）
　大阪地方裁判所　昭和61年10月30日判決（ＴＡＩＮＳ検索番号Ｚ154－5816・ＴＫＣ文献番号22002083）
　大阪高等裁判所　昭和62年６月16日判決（ＴＡＩＮＳ検索番号Ｚ158－5926・ＴＫＣ文献番号22002119）
　最高裁判所　昭和63年７月７日判決（ＴＡＩＮＳ検索番号Ｚ165－6134・ＴＫＣ文献番号22003405）

Case30：低額譲渡（上場株式）

事実の概要

平成2年6月26日，納税者の母が現物株式を購入すると同時に同じ指値（1,640円）で，納税者が自己の信用口座で空売りし，後日，財産評価基本通達（旧通達169）に定める評価額（996円）より1円高い額（997円）で母から現物株式を購入し，信用取引の決済に充てた事案。母から現物株式を購入した日の終値（1,620円）と997円との差額が贈与であると課税された。

納税者の主張

財産評価基本通達が公表され，国民すべてに平等に適用されている以上，財産評価基本通達が形式的に適用されるべきであり，財産評価基本通達の定める方法によらずに課税処分を行ったことは，かえって，租税負担の公平に反する。

財産評価基本通達によれば，課税時期の3ヶ月前の最終価格の月平均額は996円と評価されることから，その株式を1株当たり997円で買い受けても著しい低額譲渡には該当しない。

財産評価基本通達を適用しないで株式の時価を評価することは，租税法律主義に反し，国民の納税額の予測可能性を害し，財産権の不可侵の保障にも反する。

本件のような取引方法は，高額の相続税をできるだけ少なくするための法律の許す範囲内の節税対策である。

課税実務においては，財産評価基本通達が何十年にもわたって法律の解釈運用の基準とされてきたのであり，財産評価基本通達を改正して，事前に国民に知らしめることなく，その予測，信頼を無視して解釈運用を変更することは，国民に予期せぬ多大の税負担を強いることになるのであり，禁反言の法理に反

する。

課税庁の主張

　時価とは，課税時期において，それぞれの財産の現況に応じ，不特定多数の当事者間で自由な取引が行われた場合に通常成立する価額をいう。

　相続税法7条の定める時価とは，証券取引所における取引価格が毎日公表されている上場株式に関しては，本来，課税時期における証券取引所の当該上場株式の最終価格をもって時価とすれば足りる。

　納税者の経済的利益は，当初から市場価格と財産評価基本通達に基づいて計算される価格との間に相当の開差があることに着目して，贈与税の負担を回避すべく計画的に行われたものであり，通常の第三者間では成立し得ない著しく低い価格によって売買契約を締結し，かつ上場株式の取得から売却までの間の株価の変動による危険を防止するため，証券会社の信用取引を介在させた。このような計画的な取引は，財産評価基本通達の目的とする趣旨にそったものではない。

　したがって，売買契約における株式の時価は，その客観的交換価値を最も的確に反映している東京証券取引所の課税時期の最終価格である1株当たり1,620円によって算定することが最も合理的な評価方法である。

裁判所の判断

1　財産評価基本通達の意義

　相続税法7条に規定される時価とは，課税時期において，それぞれの財産の現況に応じ，不特定多数の当事者間で自由な取引が行われた場合に通常成立する価額をいうものと解するが，これを個別に評価すると，評価方法等により異なる評価額が生じたり，課税庁の事務負担が重くなり，課税事務の迅速な処理が困難となるおそれがあるため，課税実務上は，財産評価の一般的基準が財産

評価基本通達により定められ，これに定められた評価方法によって画一的に財産の評価が行われている。

上記の課税実務上の取扱いは，納税者の公平，納税者の便宜，徴税費用の節減という見地からみて合理的であり，租税負担の実質的公平をも実現することができ，租税平等主義にかなうものである。

しかしながら，これによって，かえって実質的な租税負担の公平を著しく害し，また，相続税法の趣旨や財産評価基本通達自体の趣旨に反するような結果を招来させる場合には，財産評価基本通達に定める評価方法以外の他の合理的な方法によることが許される。このことは，財産評価基本通達6が「この通達の定めによって評価することが著しく不適当と認められる財産の価額は，国税庁長官の指示を受けて評価する」と定め，財産評価基本通達自らが例外的に財産評価基本通達に定める評価方法以外の方法をとり得るものとしていることからも明らかである。

2　上場株式の評価

上場株式の評価に関して，上場株式の価額は，その株式が上場されている証券取引所の公表する課税時期の最終価格又は課税時期の属する月以前3ヶ月間の最終価格の月平均額のうち最も低い価額によって評価する旨を定めている。

上場株式に関しては，本来，課税時期における証券取引所の最終価格が当該上場株式の客観的交換価値である。しかしながら，財産評価基本通達に基づいて評価することが予定されている相続，贈与による財産の移転が，主に夫婦間及び親子間などにおいて行われるような対価を伴わないものであり，特に相続は，被相続人の死亡という偶発的な要因に基づき発生するものであるところ，証券取引所における上場株式の価格は，その時々の市場の需給関係によって値動きすることから，時には異常な需給関係に基づき価格が形成されることもあり得るので，こうした一時点における需給関係に基づく偶発的な価格によって偶発的な要因等によって無償取得した上場株式が評価される危険性を排除し，評価の安全を確保するため，財産評価基本通達は，課税時期における証券取引所の最終価格のみならず，ある程度の期間の最終価格の月平均額をも考慮して

上場株式の評価を行うこととした。

3　結　　論

　以上のように，売買契約を含む一連の取引は，専ら贈与税の負担を回避するために，財産をいったん株式に化体させたうえ，通常第三者間では成立し得ない著しく低い価額により売買契約を締結し，かつ証券取引所における株価の変動による危険を防止する措置も講じたうえ，母から納税者への相続対象財産の移転を図る目的で行われたものというべきである。そうすると，このような取引について財産評価基本通達を適用することは，偶発的な財産の移転を前提として，株式の市場価格の需給関係による偶発性を排除し，評価の安全を図ろうとする同通達の趣旨に反することは明らかである。

　そして，このような取引について，財産評価基本通達を形式的，画一的に適用して財産の時価を評価すべきものとすれば，租税負担の公平を著しく害し，また，相続税法7条の立法趣旨に反する著しく不相当な結果をもたらすこととなる。

　したがって，本来的に上場株式の客観的な市場価格であることが明らかな証券取引所の公表する課税時期の最終価格による評価を行うことには合理性がある。

研　究

　贈与税は，相続税の補完税として，贈与により無償で取得した財産の価額を対象として課される税である。その課税原因を贈与という法律行為に限定した場合には，有償で，しかも，時価より著しく低い価額の対価で財産の移転を図ることによって，贈与税の負担を回避でき，同時に相続税の対象となるべき財産を生前に処分することで相続税の負担も軽減される。これは，租税負担の公平が著しく害されるというべきである。

　これを防止するために，相続税法7条は，著しく低い価額の対価で財産の譲渡を受けた場合においては，財産の譲渡を受けた者が，対価と譲渡があった時における財産の時価との差額に相当する金額を財産を譲渡した者から贈与に因

り取得したものとみなす旨を規定している。ただ同条で定める「著しく低い価額」がどの位なのかは具体的に定められてはいない。

改正前の財産評価基本通達169を利用した節税策は比較的多く行われていたものと推察される。本事案では，譲渡が行われた2ヶ月後の平成2年8月に財産評価基本通達が改正され，負担付贈与又は個人間の対価を伴う取引により取得した上場株式の価額は，課税時期の最終価格によって評価することとされた。これは個人間での有償の上場株式の取引は，経済行為と認定されるからである。本事案は，改正通達が出される直前のまさに駆け込みの節税策が否認された事例ともいえる。

なお，相続税法基本通達7－2においては，公開の市場等で著しく低い価額で財産を取得したような場合には，著しく低い価額と認められる場合においても「課税上弊害があると認められる場合を除き」，相続税法7条の規定を適用しないとされている。公開の市場とは，証券会社内での私設取引（PTS）市場やオークション等を指すと思われるが，公開の市場である以上，そこで成立し得るであろう取引価額は，客観的にも時価であるといえる。このようなものまで，「課税上弊害があると認められる場合を除き」の文言を追加して規制するのはいかがなものであろうか。課税する場合には，「公開の市場ではない」ということを立証しなければならないのは課税庁であることはいうまでもない。「課税上の弊害が無い」ことの立証責任を納税者に押しつける運用にならないことを望みたい。

（参考）
東京地方裁判所　平成7年4月27日判決（ＴＡＩＮＳ検索番号Ｚ209－7510・ＴＫＣ文献番号28010869）

Case31：低額譲渡（上場株式）

事実の概要

　納税者は，平成2年1月12日に納税者の父から上場株式であるA株式31万8,000株を総額3億2,706万3,000円（1株当たり1,028円50銭）で譲り受けた。

　A株式は，平成2年1月5日に納税者の父が証券会社を通じて1株当たり1,650円で購入したものである。

　譲り受けた日におけるA株式の最終価格は1,630円であり，1株当たり1,028円50銭は，平成元年11月と12月における東京証券取引所のA株式の毎日の最終価格の各平均額のうち，低い金額である平成元年11月分の平均額である。

　課税庁は，A株式は，財産評価基本通達169によって算定した額を時価とすべきではなく，譲受け時である平成2年1月12日における東京証券取引所が公表した最終価格である1株当たり1,630円，総額5億1,834万円をもって時価とすべきであるとした。

　譲受けは，相続税法7条にいう「著しく低い価額の対価で財産の譲渡を受けた場合」に該当するものと認められ，その差額1億9,127万7,000円が納税者の父から納税者に贈与されたものとみなすものとして贈与税の賦課決定処分を行った。

納税者の主張

　譲受けにおける譲渡価格は，その日の最終価格に比べて36.90％相当低額ではあるものの，株式市場における値幅の範囲内であり，「著しく低い」とはいえないから，本件譲受けは，相続税法7条にいう「著しく低い価額の対価で財産の譲渡を受けた場合」には該当しない。

課税庁の主張

　株式は，財産評価基本通達（旧通達169）によって算定した額を時価とすべきではなく，譲受け時である平成2年1月12日における東京証券取引所が公表した最終価格である1株当たり1,630円に本件譲受け株数31万8,000株を乗じた5億1,834万円をもって時価とすべきである。

　したがって，譲受け時において時価総額3億2,706万3,000円（1株当たり1,028円50銭）で譲り受けたものであるから，譲受けは，相続税法7条にいう「著しく低い価額の対価で財産の譲渡を受けた場合」に該当するものと認められ，その差額1億9,127万7,000円が納税者の父から納税者に贈与されたものとみなすべきである。

裁判所の判断

　財産評価基本通達は，被相続人の死亡という偶発的な要因に基づいて発生した相続による上場株式の評価が，たまたま一時的に形成されたにすぎない特別な価格によって評価される危険性を排除し，評価の安全を確保するために，ある程度の期間内の最終価格の月平均額をも考慮して上場株式の評価を行うこととしたものと解することができる。

　事前に信用売りの操作を行うことにより，株式の市場価格の変動による危険を回避した上で，財産評価基本通達を適用して算出したと認められる市場価格に比べて低い金額によって株式を譲渡していることなどの納税者らの一連の行為は，課税時期における市場価格と財産評価基本通達によって算定した価格との間に相当の開差のある株式を利用して，財産評価基本通達によって算定した株式の時価と課税時期における市場価格との差額相当額を租税の負担なく，納税者の父から納税者に移転させることを目的として計画的に行われたものである。

このような状況で取得された株式について財産評価基本通達を適用することは，通達の趣旨に著しく反することは明らかである。

　そして，このような取引についてまで，財産評価基本通達169を形式的，画一的に適用して財産の時価を評価すべきものとすれば，計画的な取引を行うことにより，多額の財産の移転を行った納税者が贈与税の負担を免れ，このような計画的な取引を行うことなく財産の移転を行った者との間で実質的に租税負担の公平を著しく害するという不当な結果を招来することとなるというべきである。

　したがって，譲受けに係る株式の時価評価については，財産評価基本通達に定める評価方法以外の他の合理的な方法により評価することが許されると解すべきである。

　相続税法7条にいう「著しく低い価額の対価」に該当するか否かは，当該財産の譲受けの事情，当該譲受けの対価，当該譲受けに係る財産の市場価額，当該財産の相続税評価額などを勘案して社会通念に従い判断すべきものと解するのが相当であるところ，本件においては，時価5億1,834万円の本件株式をそれより1億9,127万7,000円も低額な3億2,706万3,000円で譲り渡したものであるから，法7条にいう「著しく低い価額の対価」による譲渡に該当するというべきである。

研　究

　周知のとおり，上場株式の評価は，原則として課税時期の最終価格で評価することとされている（現行財産評価基本通達169(1)）。

　しかし，証券取引所における上場株式の価格は，市場の需給関係に応じて時々刻々に相当程度の幅をもって変動するものであり，時には異常な需給関係に基づいて極めて一時的に特別な価格が形成されることもあり得る。このようなことから，被相続人の死亡という偶発的な要因に基づいて発生した相続による上場株式の評価については，たまたま一時的に形成されたにすぎない特別な価格によって評価される危険性を排除し，安全性を確保するため，課税時期の属す

る月以前3ヶ月間の各月の最終価格の平均額の採用が認められている。

しかし、負担付贈与又は個人間の対価を伴う取引により取得した上場株式の評価については、課税時期の最終価格によって評価することとされており（現行財産評価基本通達169⑵）、課税時期の属する月以前3ヶ月間の各月の最終価格の平均額の採用は認められていない。なぜなら、相続や贈与と異なり、自由な取引として行われ、財産の移転時期等を任意に選択することができ、事前に通常の取引価額と相続税評価額を比較することができる。そのため、容易に租税負担の回避が可能となることになる。そのため、改正前の財産評価基本通達169を利用した節税策は比較的多く行われていたものと推察される。

平成2年8月に評価通達は改正され、負担付贈与又は個人間の対価を伴う取引により取得した上場株式の価額は、課税時期の最終価格によって評価することとされた。これは個人間での有償の上場株式の取引は、経済行為と認定されるからである。本事案は、改正通達が出される直前のまさに駆け込みの節税策が否認された事例ともいえる。

本事案は、株式の評価と株式の譲渡が相続税法7条の定める著しく低い価額での財産の譲渡に当たるかについて争点となっている。

株式の評価については、納税者は、課税時期の最終価格で評価するのではなく、課税時期の属する月以前3ヶ月間の各月の最終価格の平均額を採用したため、時価に比べて36.90％低い価額による譲渡が行われたと課税庁より指摘されている。

相続税法7条の定める著しく低い価額については、相続税法において具体的な判定基準は定められておらず、納税者との税務トラブルが多く見受けられるところであるが、裁判所は、「著しく低い価額の対価」に該当するか否かは、当該財産の譲受けの事情、当該譲受けの対価、当該譲受けに係る財産の市場価額、当該財産の相続税評価額などを勘案して社会通念に従い判断すべきであり、総額としての金額の多寡が重要な判断要素の1つであることは当然のところであり、本件の場合その差額は1億9,127万7,000円にも達するのであるから、納税者の主張は到底採用できないと判示している。

本事案における譲渡を含む一連の取引は計画的に行われたものであり，租税回避行為にあたり，租税負担の公平という観点から，裁判所はこれを見過ごすことはできないという判断に至ったと考えられる。

（参考）
　東京地方裁判所　平成12年1月21日判決（ＴＡＩＮＳ検索番号Ｚ246－8564・ＴＫＣ文献番号28082911）

Case32：低額譲渡（土地）

事実の概要

　被相続人の亡き長男の妻子計4名（以下，「納税者ら」）は家庭裁判所の調停で示された解決金（400万円）を被相続人の二男に支払って土地（底地）を取得した。支払った解決金が取得した土地（底地）の時価に比して著しく低い価格で譲渡をされたとし，差額に対し贈与税が課税された。

　なお，土地は昭和53年に死亡した被相続人の遺産である。昭和48年に被相続人と長男との間で，土地賃貸借契約を締結しており，地代の支払いもされてきた（固定資産税等は被相続人の負担）。

　被相続人の長男は，平成3年に死亡。土地（借地）は，昭和48年時効取得を原因として，平成8年付で被相続人から，納税者らに所有権移転登記がなされている。

納税者の主張

　納税者らは，家庭裁判所の調停の場において，二男から土地（底地）を買い取るようにとの申し出を受けたが，価格面で折り合いがつかず，交渉の結果，家庭裁判所の調停において解決金が決定したのである。そのため，解決金は，土地（底地）の適正な価格である。

　また，土地（底地）の売買が，親族以外の第三者との取引であるにもかかわらず，課税庁がこれを低額譲渡とし，贈与税を賦課したことは誤りである。

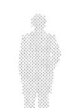

課税庁の主張

　家庭裁判所の調停は，当事者間の紛争を解決するために第三者の仲介によって，当事者間が互いに話し合い，実情に即した解決を期すものである。調停に

おいて，解決金の額が決められたからといって，解決金の額が土地（底地）の時価を表すものとはいえない。

また，土地の時価に関しては，土地と同一地域にある，基準地とほぼ同一の規模，形状，利用状況と認められ，基準値の標準価格と同額と認めるのが相当である。そのため，土地の借地権相当額を控除した土地（底地）の金額は約1,300万円と認められ，差額に相当する約900万円について，「著しく低い価額の対価で財産の譲渡を受けた場合」に該当し，差額は二男から贈与により取得したものとみなされる。

審判所の判断

納税者らが支払った解決金は，二男が立て替え払いしていた土地の固定資産税や相続等に係る登記費用の負担分の金額を提示したうえで，調停委員が提示していた金額であり，土地の時価とは異なる金額であることは，課税庁の示した基準値の価格などからも明らかである。

また，二男は，土地（底地）は，もともと被相続人の長男のものであるという認識があった。このような事情から土地（底地）を納税者らに時価よりも著しく低い金額で渡すことに同意して，調停書に印を押したことは，二男からの聞き取りからも明らかである。

土地（底地）の譲り受けは，被相続人の長男及び二男が兄弟であるとの両者の認識に基づいて，二男から納税者らに対して低廉の価格で土地（底地）を取得させる調停を成立するため，合意に至ったと認めるのが相当であり，課税庁主張のとおり，時価との差額に相当する約900万円について，二男から贈与により取得したものとみなされることになり，この金額と同額でなされた決定処分は適法である。

研 究

　相続税法7条には、「著しく低い価額の対価で財産の譲渡を受けた場合においては、当該財産の譲渡があった時において、当該財産の譲渡を受けた者が、当該対価と当該譲渡があった時における当該財産の時価との差額に相当する金額を当該財産を譲渡した者から贈与により取得したものとみなす」と規定されている。つまり、時価よりも著しく低い価格で財産を取得した場合、その対価と時価との差額に関して、実質的に贈与があったとみなし、贈与税の課税を行うのである。

　本事案においては、まず家庭裁判所で提示された解決金が土地の時価であるかどうかという点について争われている。

　そもそも時価とは、財産の譲渡があった時において、その財産について不特定多数の当事者間で自由な取引が行われる場合に通常成立する価格（客観的交換価値を示す価格）をいうものと解されている。

　この点について審判所は、あくまでも調停の場において土地の時価を算定したかが明らかではなく、また、審判所の認める土地の価格が、解決金の3倍になっていることをもって、解決金が時価を表すものではないと判断している。

　確かに、調停の場において提示された金額は、二男が負担していた土地の固定資産税や相続等に係る登記費用の負担分の金額を考慮に入れて計算していることからも、事実上土地の時価という見方は困難である。

　しかし、審判所の認める時価について、課税庁の用意した基準値の標準価格だけを参照している点に関しては、若干の疑念が残る。つまり、時価とは「不特定多数の当事者間で自由な取引が行われる場合に通常成立する価格」であるという前提を考えた場合、基準値と本件土地が同一地域にあり、同一の利用状況にあることだけをもって、果たして同一の客観的交換価値を有しているということができるのであろうか。実際不動産を購入する場合、その土地の形状や方角、接道状況や、隣地にどのような建物が建っているかなど、様々な点が考慮されたうえで、価格が決められるのである。そのため、基準値の標準価格だ

けをもって土地の時価を決めることは，現実的な不動産取引を考慮に入れた場合，少々無理があるのではないだろうか。審判所の判断においては，その点に関しての検証を含める余地があったように思われる。

　納税者が土地の譲り受けに関して，親族以外の第三者との取引であるとの主張をしている。納税者主張のとおり，法律上兄弟ではないとしても，二男が被相続人の長男の妻子を，親族としていないということは，一般的な社会感情からも不自然である。審判所の指摘するように，二男は長男の妻子を親族とみなしているからこそ，時価とかけ離れた安価な解決金をもって，土地の譲り受けに合意したと見るのが自然である。

　そもそも贈与とは，「当事者の一方が自己の財産を無償で相手方に与える意思を表示し，相手方が受諾をすることによって，その効力を生ずる」(民法549)と規定されており，贈与の相手方を親族に限定しているわけではない。

　仮に，譲り受けの相手が親族ではないとしても，社会通念上考えられる時価よりも，著しく低い金額で譲渡されるような場合，その差額に関しては，贈与とみなされる可能性があることに注意が必要である。

（参考）
　国税不服審判所　平成12年6月29日裁決（ＴＡＩＮＳ検索番号Ｊ59－4－20・ＴＫＣ文献番号26011430）

Case33：低額譲渡（土地）

事実の概要

　納税者は，父が所有する土地について，父と売買契約を締結し，父の土地所有権（持分の一部）を譲り受けた。

　その土地には，父所有の建物が存しており，父と納税者の夫との間で建物賃貸借契約を締結し，納税者の夫に賃貸している。父は，建物賃貸借契約に基づき，賃料が支払われていることから，不動産所得として確定申告をしている。

　また，父から譲り受けた持分部分の土地については，納税者と父との間で土地賃貸借契約書を締結し，納税者はその土地を父に賃貸している。その賃貸料は，その土地の持分部分に課される固定資産税額と同額である。なお，父は，納税者に対してその土地の賃貸にかかる権利金を支払っていない。

　課税庁は，父から譲り受けた持分部分の土地については使用貸借と解するのが相当であり，土地は貸家建付地価額として算定すべきであるとし，その持分の売買価額が相続税法第7条に規定する著しく低い価額の対価の額に該当するとして贈与税の賦課決定処分を行った。

納税者の主張

　納税者が譲り受けた土地は，父が所有する建物の敷地の用に供されていること，納税者が所有する土地の持分部分に対し，父と納税者との間で土地賃貸借契約を締結し，賃貸借料を支払っていることからも，その土地は借地権を有するものである。したがって，納税者が譲り受けた持分は，借地権の目的となっている土地，いわゆる底地の譲り受けである。

課税庁の主張

　各取得日において，土地の上には父所有の建物が存しているが，土地の売買の対象となった部分と建物の所有者とは同一人であるから，当該部分に貸借関係が存在していたと解する余地はなく，当該部分は底地とは認められない。

　また，納税者と父との間の，土地の納税者の持分部分に係る土地賃貸借契約に基づく賃貸借料は，当該持分部分に係る固定資産税額と同額とされており，当該持分部分に存在する貸借関係は使用貸借と解するのが相当である。

　しかしながら，土地は貸家建付地であるから，各持分の時価は貸家建付地価額で算定すべきである。

　このようなことから，各持分の売買価額は，いずれも各持分の時価に比して著しく低い価額と認められ，相続税法第7条の規定の適用により，差額に相当する金額を贈与により取得したものとみなすのが相当である。

審判所の判断

　土地の持分の譲渡者と建物の所有者とは同一人であるから，同部分に父が借地権を有していたとは認められない。

　また，納税者に支払われている賃貸借料は固定資産税額と同額であるから，納税者と父との間の貸借は使用貸借と解すべきである。

　そして，土地は貸家の用に供されている土地であるから，譲受価額は当該貸家建付地価額に比して著しく低い価額の対価と認めるのが相当である。

研　究

　本事案は，各持分の売買価額が相続税法第7条のみなし贈与規定が適用されるか否かについて争われた事案であるが，納税者が父から譲り受けた持分部分の土地が借地権を有しているか否かが争点となっている。

財産評価基本通達に規定する借地権とは，借地借家法に規定する借地権，すなわち建物の所有を目的とする地上権及び賃借権をいう。なお，建物の所有を目的とするものであっても，無償で貸している宅地のように使用貸借契約に基づくものは借地権に該当しないことになる。

　通常，土地を賃借する場合には，地主と借地人との間で賃貸借契約を結び，借地に際して，権利金等の収受の慣行のある地域においては当該権利金等が収受され，さらにその使用対価として地代を支払うことになる。

　しかし，地主と借地人との関係が親子，夫婦，兄弟などいわゆる親族間での土地の賃借の場合には，賃貸借の認識がなく，権利金等や地代を支払わないのが一般的である。

　通常，土地の賃借には賃貸借によるものと使用貸借によるものがある。賃貸借とは，一般に，民法601条に規定する契約のことをいい，当事者の一方がある物を使用及び収益させることを約し，相手方がこれに対して賃料を支払うことを約することにより成立する契約をいう。一方，使用貸借とは，民法593条に規定する契約のことをいい，当事者の一方が無償で相手方からある物を使用及び収益した後にその物を返還することを約し，相手方よりその物を受け取ることにより成立する契約をいう。使用貸借は，夫婦や親子などの親族間で行われることが多いが，使用収益の対価を支払わないという点で賃貸借と異なる。

　使用貸借に係る相続又は贈与時の土地等の評価においては，借地権相当額の贈与は課税されないことから，使用貸借に係る土地等を相続又は贈与により取得した場合には宅地等の上に存する建物等が自用であるか又は貸付けであるかの区分にかかわらず，自用地として取り扱われる（使用貸借通達3）。

　一方，賃貸借に係る土地等を相続又は贈与により取得した場合は，通常，貸宅地や貸家建付地として評価される。

　税務の取扱いでは，貸宅地や貸家建付地の評価については，借家人等から利用上の制限を受けることになることから，自用地評価額から利用上の制限を受ける部分が控除される。つまり，土地の評価は自用地評価額よりも低くなる。

　このようなことから，実務においては，土地の貸借関係が賃貸借か使用貸借

かによって，土地の評価方法が異なり，評価額に大きな影響を及ぼす。それゆえ，評価する土地等について借地権などの権利関係がある場合には，その土地について借地権なのか又は使用貸借によるものなのかという権利関係の内容を確認することがきわめて重要となる。

　本事案において，課税庁は，各持分の譲渡者と建物の所有者は同一人である父であることから，その部分に賃借関係が存在していたと解することはできず，底地とは認められないとし，その持分部分に存在する賃借関係は使用貸借と解するのが相当であると主張している。

　この点について審判所は，課税庁と同様の考えを示している。さらに，土地が通常権利金の授受の慣行のある地域に所在するにもかかわらず，父は納税者に対して通常支払うべきと認められる権利金を支払っていないし，また，土地について，賃貸借契約の約定どおり，賃貸借料が支払われていても，その賃貸借料は，納税者の土地の持分部分に課される固定資産税額と同額であって，固定資産税額に相当する金額の授受があるにすぎないことから，納税者と父との土地の貸借は賃貸借と解することはできず，使用貸借と解すべきであるとし，借地権に該当しないと判断している。

　賃貸借と使用貸借の区分については，明確な基準はなく，使用貸借による土地の借受けがあった場合において，土地の借受者と所有者との間で，公租公課に相当する金額以下の授受があるにすぎないものは使用貸借に該当するとし，地代の授受がないものであっても権利金その他地代に代わるべき経済的利益の授受があるものは使用貸借に該当しないと例示されているにすぎない（使用貸借通達1）。

　土地の貸借関係が賃貸借か使用貸借かどうかは，対価の支払の有無によるものと考えられるが，その判断に当たっては土地の賃借契約に係る諸要素を総合的に考慮して，実態に基づいて判断することとなる。

　なお，本事案において，課税庁は，建物には建物賃貸借契約に基づき納税者の夫及びその家族が居住していることから，土地は貸家建付地として評価する賦課決定処分を行った。審判所も，建物には納税者の夫が賃借権を有しており，

土地を貸家建付地として認めるのが相当であると判断している。

(参考)
　国税不服審判所　平成14年3月28日裁決（ＴＡＩＮＳ検索番号Ｊ63－4－28・ＴＫＣ文献番号26011658）

Case34：低額譲渡（非同族株主への同族株式の譲渡）

事実の概要

　納税者は，その取引先である非上場会社A社の株式を，同社の取締役会長から売買により譲り受けた。その際，1株当たりの株価は「配当還元方式」で算出した75円を上回る100円で63万株を譲り受けた。

　課税庁は，A株式の時価を「配当還元方式」によって算定することは極めて不合理で，財産評価基本通達に基づかない評価方式が正当と是認される特別の事情があり，売買実例価額の平均額である1株当たり785円が適正時価であるとし，当該株式の譲受けは相続税法7条の「著しく低い価額の対価で財産の譲渡を受けた場合」に該当するものと認定して，当該譲受けの対価と納税者が独自に算定した当該株式の時価との差額に相当する金額を課税価格とする贈与税の決定処分及び無申告加算税賦課決定をした。納税者はこれらの処分は違法であると主張し，その取消しを求める事案である。

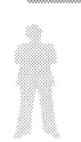

課税庁の主張

　A株式の時価の算定について，配当還元方式によって算定することは極めて不合理であり，財産評価基本通達に基づく評価方式によらないことが正当と是認されるような特別の事情がある。納税者は売買取引後にA社における個人株主の中で，譲渡人である会長の親族らが保有する株式数を超えて筆頭株主の地位を得，また，売買取引と同時に行われたA社の持株会社B社及びC社の株式の売買取引によってB株式，C株式を保有したことで，A社の中心にあった会長の後継者たる地位を得たといえる。

　さらに，納税者が，A株式の購入資金として甲銀行から借入れた際に譲渡人

である会長（会長死亡後は長男）が保証人となっている。これは会長と密接な関係があり，A社の事業経営に相当の影響力を与えるものであるから，配当還元方式による評価方法を定めた財産評価基本通達が予定しているような，事業経営への支配力を与えない極めて影響力の少ない少数株主と同視することはできない。

銀行購入株価は，譲渡人側の事情による売り申込みという状況を前提として取引が行われている中で，A社の財務諸表に表れた客観的数値を基礎とした合理的な手法によって価格が設定されたものであり，A株式の客観的な時価を適切に反映していると認められる。甲銀行の購入株価（1株当たり793円）は，類似業種比準方式に準じて算出された価格であり，乙銀行の購入株価（1株当たり796円）は，類似業種比準方式に準じて算出された価格（806円）と決算上の純資産価額から算出された価格（796円）とを比較した上で決定されたものである。

両金融機関が採用した類似業種比準方式は，取引相場のない株式の評価方法として合理性の認められた手法であって，当事者の主観的要素に影響されるものではない。株式の適正な時価は，銀行購入株価の平均額である1株当たり794円と評価するのが合理的である。

売買取引については，A株式の売買金額とA株式の適正な時価との差額が著しく，このことのみをもって，相続税法7条の「著しく低い価額の対価で財産の譲渡を受けた場合」に該当するというに十分であり，A株式の譲受けの事情をみても，これを否定すべき事情は見つからず，むしろ，取引に経済的な合理性がなく，実質的に贈与に等しい取引がなされたものと認められることに照らしても，売買取引について「著しく低い価額の対価で財産の譲渡を受けた場合」に該当することを否定する余地はない。

納税者の主張

売買取引後のA社における持株比率は6.6％にすぎず，過半数に満たないのはもちろん，株主総会の特別決議を阻止することもできない。譲渡人の親族に

とっては他人である納税者が、このようなわずかな持株比率では、譲渡人と同程度の支配力を取得したなどということはできない。また、譲渡人の死後、譲渡人の後継者としてA社を経営しているのは譲渡人の長男であり、納税者は取引先の株主としての地位以外に、A社に対する経営上の地位を有していない。

銀行購入株価は、金融機関側の主観的事情に影響された価格であり、また、不特定多数の取引事例であるともいえず、さらにより安価な持株会への売買事例があるからしても、銀行購入株価は適切な価格であるとはいえない。

本事案では、財産評価基本通達により評価すると実質的な租税負担の公平を害するような特別の事情は存しないから、株式は原則どおり財産評価基本通達に基づいて「配当還元方式」により評価すべきであり、これによると、株式の時価は、1株当たり75円となる。納税者は時価を少し上回る100円という価格で譲り受けたに過ぎないので、相続税法7条の「著しく低い価額の対価で財産の譲渡を受けた場合」に該当しない。

裁判所の判断

財産評価基本通達に定められた評価方法が合理的なものである限り、これは時価の評価方法として妥当性を有するものと解される。財産評価基本通達に定められた評価方法を、画一的に適用するという形式的な平等を貫くことが、実質的な租税負担の公平を著しく害する結果となるなど、この評価方法によらないことが正当と是認されるような特別の事情のない限り、財産評価基本通達に定められた合理的と認められる評価方法によって評価された価額と同額か、又はこれを上回る対価をもって行われた財産の譲渡は、相続税法7条にいう「著しく低い価額の対価で財産の譲渡を受けた場合」に該当しないというべきである。

課税庁は、売買取引により納税者が取得した地位は、A社の事業経営に相当の影響力を与え得るものであり、配当還元方式が本来適用を予定している少数株主（同族株主以外の株主）の地位と同視できないと主張するが、納税者の売買

取引後のA社における株式保有割合が6.6％に過ぎず，関連のB社，C社もともに7.5％，25.3％にとどまっている。このような数値からも，譲渡人の親族でもない納税者が，A社の事業経営に実効的な影響力を与え得る地位を得たものとは認められない。

　仮に，売買取引の売買価額が財産評価基本通達に定める配当還元方式によって決定されたものであったとしても，それが財産評価基本通達の原則的な評価方法である以上，不合理な価額決定の方法ということはできないし，売買契約が譲渡人側の相続・事業継承対策の一環として行われたということが，売買取引が実質的に贈与に等しいとか，贈与税の負担を免れる意図が存したということには，直ちにつながるものではない。

　財産評価基本通達の定めに従い，「配当還元方式」に基づいてその価額を算定することに特段不合理といえるような事情が存しないにもかかわらず，他により高額の取引事例が存するからといって，その価額を採用するということになれば，財産評価基本通達の趣旨を没却することになることは明らかであり，仮に他の取引事例が存在することを理由に，財産評価基本通達の定めとは異なる評価をすることが許される場合があり得るとしても，それは，当該取引事例が，取引相場による取引に匹敵する程度の客観性を備えたものである場合等例外的な場合に限られるものというべきである。

　以上のとおり，A株式についての財産評価基本通達に定められた評価方法によらないことが正当と是認されるような特別の事情があるとはいえず，売買取引は，相続税法7条にいう「著しく低い価額の対価で財産の譲渡を受けた場合」に該当しないというべきである。

研　究

　本事案の場合，財産評価基本通達に基づく評価方式によらないことが正当と是認されるような特別な事情があるのか，また特別な事情があるならばその価額の時価はどう評価されるのかが争点となる。

　財産の時価とは，課税時期において，それぞれの財産の現況に応じ，不特定

多数の当事者間で自由な取引が行われる場合に通常成立すると認められる価額をいう。そして，その価額は，財産評価基本通達の定めによって画一的に評価した価額による。これは，納税者間の公平や便宜という見地からも合理的であるとされる。ただし，財産評価基本通達の定めによって評価することが著しく不適当と認められる場合は，国税庁長官の指示によるとされている。

　課税庁が主張しているような「納税者が株式の購入により後継者の地位を取得している」，「A社が高率の利益配当を行っている優良企業」であり，「低金利の経済情勢」であることが，特別な事情とはいえない。そもそも様々な事情が存在するなかで納税者間の税負担の公平性や便宜などの点から画一的な評価を行うために財産評価基本通達が存在するのであって，財産評価基本通達によって評価された価額が低額だからといってそれが「特別な事情」とされるならば，全てが特別な事情になってしまうのではないか。

　また，金融機関が購入した売買実例における金融機関の評価価額を当該株価の評価の比較対象としているが，納税者の主張しているように他に7つの売買実例があるとするならば，その7つの事例も比較の対象とすべきである。

　したがって，裁判所のいうように「財産評価基本通達の趣旨を没却すること」になり，財産評価基本通達の例外について，「取引相場に匹敵する程度の客観性を備えた取引」を必要とする判断となる。妥当な判決といえる。

（参考）
　東京地方裁判所　平成17年10月12日判決（ＴＡＩＮＳ検索番号Ｚ255－10156・ＴＫＣ文献番号28110084）

Case35：親族間の譲渡とみなし贈与（相続税評価額の意義）

事実の概要

本件は，親族から土地の持分を買った納税者が，課税庁から，当該購入代金額が相続税法7条に規定する「著しく低い価額の対価」であるから，時価との差額に相当する金額は贈与により取得したものとみなされるとして贈与税の決定等を受けたため，その取消しを求めている事案である。

納税者の主張

課税実務上の取扱いを前提にすると，時価は，原則として相続税評価額のことをいうと解すべきであり，特別の事情が認められて初めて，相続税評価額以外の価額をもって時価ということができる。租税負担の実質的な公平を実現するためには，評価基本通達の定める画一的な評価方法が形式的にすべての納税者に適用されることこそが必要であり，この評価方法によることが不合理，かつ違法となるような特別の事情が認められない限り，それ以外の方法による評価をすることはできないというものである。

課税庁の主張

① 相続税評価額が地価公示価格と同水準の価格の約80パーセントであることからすると，地価が安定して推移している場合や上昇している場合には，この開差に着目し，実質的には，贈与税の負担を免れつつ贈与を行った場合と同様の経済的利益の移転を行うことが可能になるのであり，このことが，租税負担の公平の見地から相当でないことは明らかである。

② 「著しく低い価額」の対価に当たるか否かは，単に時価との比較（比率）のみによって決するものではなく，「実質的に贈与を受けたと認められる金額」の有無によって判断すべきである。あるいは，第三者との間では決して成立し得ないような対価で売買が行われ，当事者の一方が他方の負担の下に多額の経済的利益を享受したか否かによって判断すべきである。
③ 当該財産の譲受の状況の一要因である「個々の取引の意図，目的及びその合理性」といったことが，「著しく低い価額」に当たるか否かを判断する際の一事情として考慮されるべきものである。

裁判所の判断

① 時価を相続税評価額と同視しなければならないとする必要はないのであるから，そこにいう時価は，やはり，常に客観的交換価値のことを意味すると解すべきである。そして，相続税法7条にいう時価と同法22条にいう時価を別異に解する理由はないから，同法7条にいう時価も，やはり，常に客観的交換価値のことを意味すると解すべきである。
② 「著しく低い価額」の対価とは，その対価に経済的合理性のないことが明らかな場合をいうものと解され，その判定は，個々の財産の譲渡ごとに，当該財産の種類，性質，その取引価額の決まり方，その取引の実情等を勘案して，社会通念に従い，時価と当該譲渡の対価との開差が著しいか否かによって行うべきである。

　相続税評価額と同水準の価額かそれ以上の価額を対価として土地の譲渡が行われた場合は，原則として「著しく低い価額」による譲渡ということはできず，例外として，何らかの事情により当該土地の相続税評価額が時価の80パーセントよりも低くなっており，それが明らかであると認められる場合に限って，「著しく低い価額」の対価による譲渡になり得ると解すべきである。もっとも，その例外の場合でも，さらに，当該対価と時価との開差が著しいか否かを個別に検討する必要があることはいうまでもない。

③　仮に，時価の80パーセントの対価で土地を譲渡するとすれば，これによって移転できる経済的利益は当該土地の時価の20パーセントにとどまるのであり（換価することまで考えれば，実際の経済的利益はそれよりさらに低くなるであろう），課税庁の主張するように「贈与税の負担を免れつつ贈与を行った場合と同様の経済的利益の移転を行うことが可能になる」とまでいえるのかはなはだ疑問である。そもそも課税庁の上記主張は，相続税法7条自身が，「著しく低い価額」に至らない程度の「低い価額」の対価での譲渡は許容していることを考慮しないものであり，妥当でない。

④　「第三者」という表現によって，親族間やこれに準じた親しい関係にある者相互間の譲渡とそれ以外の間柄にある者相互間の譲渡とを区別し，親族間やこれに準じた親しい関係にある者相互間の譲渡においては，たとえ「著しく低い価額」の対価でなくても課税する趣旨であるとすれば，同条の文理に反するというほかない。また，時価の80パーセント程度の水準の対価であれば，上記の意味での「第三者」との間で売買が決して成立し得ないような対価であるとまでは断言できないというべきである。

⑤　取引の意図，目的，合理性といった事情を考慮するとなると，結局，当事者に租税負担回避の意図・目的があったか否かといった点が重要な考慮要素になると思われるが，相続税法7条は，当事者に租税負担回避の意図・目的があったか否かを問わずに適用されるものである。

研　究

親族間や同族関係者・同族法人間の土地譲渡において，価額の設定は実務上，苦慮することが多い。結果として，譲渡益に対する課税負担や相続税の減少や回避を指摘されることがあるから，いわゆる時価の判断については，慎重にならざるを得ない。

確かに第三者間の取引と比較して，不自然・不合理な取引を極力，回避することで，取引の恣意性を排除することが，税務上の鉄則である。この場合に，取引価格は重要な要素であるが，土地譲渡では最たるものといえる。

恣意性を排除するための価額は，いわば時価となるが，客観性のある数値といっていい。

本事案に見られる文言で示せば，客観的交換価値の算定は，特に土地に関しては難しいことはいうまでもない。近隣の土地取引などにおける価額などが市場価格として評価されるという説示があるが，容易に入手できる情報でもない。

結局，税務当局が示した客観的評価である相続税評価額を基準にして，価額を算定する手法が実務では採用されることが多い。関係者間の取引であることから，租税負担回避の意図・目的という指摘を避けるために相続税評価額を基準とするという認識である。

本事案における課税庁の主張に則れば，譲渡価額を相続税評価額の2割増しすることで，適正な時価と評価されることになるが，この2割の差額が，著しく低い価額に相当するかは，まさしくケース・バイ・ケースといえよう。本事案について，課税庁は控訴せず，納税者の勝訴となっているが，課税庁も個別事情と判断したのであろうか。少なくとも，裁判所の判断は，実務上，あえていえば相続税以外の税務においても，相続税評価額による算定した価額が，有効であることを示した画期的な事例であることはいうまでもない。

(参考)
　東京地方裁判所　平成19年8月23日判決（ＴＡＩＮＳ検索番号Ｚ257－10763・ＴＫＣ文献番号28132409）

Case36：無償譲渡（出資引受権）

事実の概要

① 訴外Aは昭和41年7月24日死亡し、その妻である訴外Bと子である納税者C・Dの3名がその相続人となった。

そこで、これら3名の者は昭和42年1月20日、亡Aの遺産について相続税の申告及び申告税額を納付した。

② 課税庁は納税者らに対し、昭和44年12月23日付で、被相続人Aが昭和39年1月26日で訴外有限会社甲の出資引受権を取得し、被相続人Aが生前、有限会社甲（Aらの同族会社）の出資引受権を取得したことに関しその利益が相続税法9条にいう「贈与により取得した利益」に当たることから、納税者らは贈与を受けたものとみなされるとして、贈与税の決定処分及び無申告加算税の賦課決定処分を行った。

③ 納税者らは、課税庁がした本件処分は納税者らが譲り受けた訴外会社甲の株式の価額を過大に認定し、これと譲受価額との差額を贈与とみなしてされたものであるから違法であるとして、出訴した事案である。

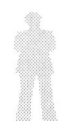

納税者の主張

課税庁は、被相続人Aが甲社（Aが代表社員を務める同族会社）の増資による出資引受権を取得し、その経済的利益を享受したと主張する。

課税庁の「本件では、旧出資口数の割当によらず特定の出資者に増資の割当が行われたため、割当を受けなかった者から出資引受権を取得し、その経済的利益を享受したと認められる」との判断は、全く経済界の実情を無視した偏見である。

甲社は、業績不振のための運転資金の必要を生じ増資を協議したものである

が、甲社の業績はすこぶる不振で創業以来社員に1回たりとも配当した事実はなく、さりとて解散も断行できず、辛うじて事業を継続するに止まり、将来性についても出資者は経済的な期待は望むべくもないため、他の社員が出資払込に応じない結果、余儀なく被相続人Aが同会社に貸し付けた550,000円を増資に振り向け、かつAとその妻Bが各150,000円を出資して資本金1,000,000円の会社としたものである。およそ、同族会社の増資払込の無償譲渡がいわゆるみなし贈与として取り扱われるものは、実質的には贈与とみてもさしつかえないような経済的効果をもつ場合であり、経済的利益がないと判断して出資者自らが出資引受権を放棄したため、やむを得ず代表社員たる被相続人Aとその妻Bが出資金により当面の資金難を切り抜けた行為に対し、相続税法9条を適用して課税しようとする課税庁の主張には服し難いのである。

課税庁の主張

被相続人Aは甲社の社員であったが、同会社は、その出資総額は150,000円、出資1口の金額は100円の同族会社であった。

甲社は、昭和39年1月26日従来の資本金150,000円（出資1,500口）を1,000,000円（出資10,000口）に増加したが、法定出資引受権に基づく出資1口に対する新出資の割当口数の比率、すなわち増資割合は1対5.666であるから、これにより同時点における同社員の法定引受出資口数を算定する。

ところが、右資本増加に対して、同社社員であり、かつ法定出資引受権者である被相続人Aの弟とAの妻の父ら2名は法定割当分である合計1,700口を全く引き受けず、また同じく被相続人Aの妻Bも法定割当分である1,983口のうち1,500口を引き受けたのみで483口の引受をせず、これら引受されない新出資合計2,183口全部をAが引き受けた。

含み資産を有する会社が増資をすれば、旧出資の価値は増資額との割合に応じて減少し、新出資の価値は逆に増加する。そこで増資に当たり、増資前の出資の割合に応じて新出資の引受がなされなかった場合には、その新出資の全部

または一部の引受をしなかった者の財産は，旧出資の価値の減少に伴い減少する一方，増資の割合以上の新出資の引受をした者の財産は，逆にそれだけ増加するから，後者は前者からその差額に相当する利益を取得したことになり，右利益は相続税法9条により当該利益を取得させたものから，贈与によって取得したものとみなされる。

　甲社の資本増加において被相続人Aは，その親族である妻Bが引き受けなかった483口，弟及び妻の父が引き受けなかった各850口の合計2,183口の出資引受権を昭和39年1月26日同人らからそれぞれ贈与され，自己の法定出資引受口数を超えて新出資合計2,750口を引き受けた。

　被相続人Aが出資引受権の贈与により受けた利益額は以下のとおりである。
① 増資直前における甲社の資産の合計額から負債の合計額を控除した金額24,988,889円を，増資前の出資総口数1,500口で除して得られる出資1口の価額は16,500円である。
② 増資後の出資1口の評価額の算定に当たっては，出資と実質を同じくする株式における新株の評価基準によるのが相当であるので，所得税法施行令111条の定めるところに従い，これを計算すると，次のとおりである。

　すなわち，増資後の出資（新出資）1口当たり評価額は，増資割合が前記のとおり5.666倍であるから，旧出資1口の評価額16,658円と新出資の1口の払込金額100円に右増資割合を乗じて得た金額の合計額を同増資割合に1を加えた数で除して計算した金額，すなわち2,582円となる。計算内容を示せば以下のとおりである

　　(16,658円＋100円×5.666)÷(1＋5.666)＝2,582円（注）
③ 出資引受権の1口当たり評価額は，右増資後の出資評価額2,582円から増資払込金額100円を控除した後の金額2,482円であるから，被相続人Aが妻B，弟，妻の父の3名から取得した出資引受権2,183口の価額は，5,418,206円となり，右金額は被相続人Aが贈与により利益を受けた金額であるから，課税庁のなした贈与税決定処分及び無申告加算税賦課処分には何らの違法はない。

裁判所の判断

　増資直前における甲社の資産合計額から負債の合計額を控除した金額24,988,889円を，増資前の出資総口数1,500口で除して得られる出資1口の価額は16,659円であったと認められる。

　このように含み資産を有する会社が増資をすれば，旧出資価値は増資との割合に応じて減少するのであるが，甲社の本件増資後の出資1口当たり評価額を所得税法施行令111条に定める方式により計算すると，その増資割合が5.666倍であることは当事者間に争いないから，次の計算どおり2,584円となる。

　　　(16,659円＋100円×5.666)÷(1＋5.666)＝2,584円(注)

　上記のように増資によって出資口数が増加しただけ旧出資の価値は減少（本件では，16,659円から2,584円に減少）したのであるが，新出資は旧出資と平均化されることにより1口当たりの価額は払込金額を上回ることになる。この価額が出資引受権の評価額であるが，増資前の出資割合を超えて新出資の引受がなされた場合には，その者は増資前の出資割合に応ずる新出資の引受をしなかった者から出資引受権の評価額に相当する利益を取得したことになる。そして上記利益は，相続税法9条の贈与により利益を取得した場合に該当するということができる。

　そこで，増資による出資引受権の1口当たり評価額は，前記増資後の出資1口当たり評価額2,584円から増資払込金額1口100円を控除した金額2,484円である。

　したがって，被相続人Aが妻B，弟，妻の父の3名から取得した出資引受権合計2,183口の価額は，2,484円×2,183口＝5,422,572円となり，右金額が被相続人Aが贈与により利益を受けた金額であると認められる。

　そして，増資による被相続人Aの出資引受によって，出資口数の割合に変化があり，同人の出資割合が増加したのであるから，その受けた増加分を利益とみて，これについて課税することは相当であるということができる。

以上の次第で，被相続人Ａは，甲社の昭和39年１月26日の増資に際し前記5,422,572円の利益を得，その利益は相続税法９条により贈与によって取得したとみなすべきであるので，法定額の贈与税納付義務を負担したことが明らかであるところ，Ａの死亡により右義務を納税者らが相続したものである。したがって，課税庁のなした贈与税課税処分および無申告加算税賦課決定処分は，適法であるということができる。

研　究

いわゆる含み益を有する同族会社である有限会社の増資の際，他の社員の出資引受権を譲り受けたことが，相続税法９条にいう「贈与により取得した利益」に当たるとされた事案である。

本事案は，有限会社甲社の増資に際して，同社の経営者である被相続人Ａが生前出資引受権を取得したことに関して，法定引受出資口数との差額として，①Ａの弟分の850口（実際引受０のため），②Ａの妻の父親分の850口（実際引受０のため）および③Ａの妻分483口（法定分1,983口と実際引受分1,500口の差額）の合計2,183口についてＡが引き受けている。したがって，この「差額合計分の2,183口」について上記３名からＡへ相続税法９条所定の「みなし贈与」に当たるとされている。

訴訟において，納税者から，被相続人Ａが有限会社甲社の増資に当たり出資口の肩代わりをしたのは，上記出資口が価値がなくこれを引き受ける者がいないため，やむを得ずなしたものであるから，これを贈与とみるのは明らかに間違っていると主張している。これに対して，裁判所は，被相続人Ａの主観的評価がいかにあれ，上記肩代わりにより被相続人が経済的な利益を得たことを事実に基づいて認定し相続税法９条を適用している。そのため，安易に本事案のように形式的に増資を実施し，実際は引受を行わないで済ましてしまう場合について注意が求められる。

この点，現在の相続税及び贈与税の課税実務の取扱いでは，相続税法基本通達により同族会社における親族間の一定の割当て変更について，相続税法９条

を適用して，相続税または贈与税を課税するものとされている。

(注)　本文中の数値の端数は当事者の計算に基づく表記である。

（参考）
　　名古屋地方裁判所　昭和51年5月19日判決（ＴＡＩＮＳ検索番号Ｚ088－3785・ＴＫＣ文献番号21054270）
　　名古屋高等裁判所　昭和53年12月21日判決（ＴＡＩＮＳ検索番号Ｚ103－4298・ＴＫＣ文献番号21064100）

Case37：無償譲渡（新株引受権）

事実の概要

　納税者らは，昭和43年に死亡した被相続人と同様に，昭和40年と同42年に，訴外会社の増資による新株を引き受けていた。訴外会社の事業内容は，「豆腐こんにゃく製造業」であり，納税者らは，訴外会社の同族株主である。被相続人の相続税の申告において，税務署は，当該増資による新株引受権の贈与金額が，被相続人の相続財産に加算されていないとして，更正処分を行った。なお，訴外会社の資本金は，昭和40年に従前の300万円から400万円に，さらに昭和42年に800万円に増加した。その際，納税者らと被相続人は，増資前の株式数の割合と異なる割合の株式を引き受けている。

納税者の主張

　訴外会社の各増資による新株の引受により，納税者らが被相続人から新株引受権の贈与を受けたとして，当該新株引受権の贈与金額が被相続人の相続財産に加算されているのは不当である。

課税庁の主張

　訴外会社のような含み資産を有する会社が増資すれば，旧株式の価格は増資との割合に応じて減少し，新株式の価格が増加することになるので，新株を引き受ける者は，その授受した株式割当による利益（新株のプレミアム部分）の授受があったということができる。本事案のように，株式割当による利益の授受が無償でなされている場合には，みなし贈与に該当する。

裁判所の判断

　相続人が相続開始前3年以内に、被相続人から贈与を受けた財産の価格は、相続税の課税価格に加算されることとされ、無償または著しく低い対価で利益を受けた場合、当該利益を受けさせた者から贈与により上記利益を取得したものとみなすとされている。当該新株引受権による利益が、相続開始前3年以内に発生していれば、みなし贈与により相続税の課税価格に加算することになる。

　納税者らは、相続開始前において、訴外会社の増資が2回にわたり行われた際、それぞれ増資前の所有割合に応ずる数を超えて新株を引き受けており、一方において、被相続人は、各増資時において、いずれも増資前の所有割合に応ずる数を下回って新株を引き受けていた。

　納税者らは、訴外会社のいずれの増資時においても、所有割合を超える新株を引き受けており、当該割合を超える新株引受権の一部については、被相続人から「新株引受権の一部の贈与を受けたもの」ということができる。

研　究

　本事案は、同族会社（含み益を有する）が新株発行において、不均一な割当をしたことにより、増資前の所有割合に応ずる数を超えて新株を引き受けた者が、所有割合の下回る者から、新株に対し生ずる含み益相当分に関して、贈与を受けたものとみなされた事例である。

　税務の取扱いでは、同族会社の新株発行に際し、株式の割当を受ける権利（以下、「株式割当権」という）を与えられた者が、株式割当権の全部もしくは一部について、募集株式の割当の申込みをしなかった場合等、申込みの履行をしなかった新株（以下、「失権株」という）に係る新株の発行が行われなかったことにより、結果的に新株発行割合を超えた割合で新株を取得した者があるときは、その者のうち失権株主の親族等については、失権株の発行が行われなかったことにより受けた利益の総額のうち、以下の算式により計算した金額に相当する

金額を，失権株主のそれぞれから贈与により取得したものとされる（相基通9－7）。

$$その者が受けた利益の総額^{※} \times \frac{親族等である各失権株主が与えた利益の金額}{各失権株主が与えた利益の総額}$$

※ 新株の発行後の1株当たりの価格×（その者の新株の発行前における所有株式数＋その者が取得した新株の数）－（新株の発行前の1株当たりの価格×その者の新株の発行前における所有株式数＋新株の1株当たりの払込金額×その者が取得した新株の数）

　つまり，含み益を有する同族会社が，当初の株式割合どおりに新株を発行せず，当初の株式割合を超える株主や，当初の株式割合を下回る株主が出てしまうことで，実際の引受割合が増資割合未満の人から，実際の引受割合が増資割合を超えた人に対し，含み益に相当する金額分の贈与があったことになる。

　このような有償増資を行う場合には，株式を株主に対し当初の持株割合どおり平等に割当がされることや，株式を時価で発行することなど，税務上問題となることは少ないが，本事例のように，株主間で価値が移転してしまうときは，贈与税などの税務上の問題が生じるのである。

　特に，相続などを通じて同族会社の株式が親族間に拡散してしまった場合など，単に名義上株式を所有しているにすぎないため，新株の割当時に際し，有償増資に応じないケースもあり，同様の問題が生じる可能性がある。

　本事案のようなケース以外にも，新株を引き受けなかった株主がおり，失権株を引き受けた親族がいる場合なども，新株を引き受けなかった株主から，失権株を引き受けた親族に対し，贈与が行われたものとみなされるのである。また，第三者割当増資なども，新株を割り当てられなかった株主がおり，新株を引き受けた親族がいる場合，新株を割り当てられなかった株主から，新株を引き受けた親族に対し，贈与が行われたものとみなされる。

　このように，同族会社における有償の増資を行うときは，当初の株式割合を念頭におき，株式割当を行うことはもちろん，持株割合どおりに株式割当ができない場合には，含み益をどの程度有しているか考慮に入れ，贈与税のシミュ

レーションを事前に行うことが重要である。

（参考）
　神戸地方裁判所　昭和55年5月2日判決（ＴＡＩＮＳ検索番号Ｚ113－4591・ＴＫＣ文献番号21069410）
　大阪高等裁判所　昭和56年8月27日判決（ＴＡＩＮＳ検索番号Ｚ120－4847・ＴＫＣ文献番号21074480）

Case38：無償譲渡（現物出資）

事実の概要

納税者の父が有限会社K社に対して，時価にして約5億2千万円相当の土地，有価証券を現物出資し，K社が2億8千万円相当（約53.8％）で引き受けたことが，相続税法9条に規定する贈与に該当すると認定された事例。相続税法基本通達9－2⑵によれば，同族会社における現物出資に際し，発行された株式又は出資が時価より著しく低い価額である場合には，利益を享受することになった他の株主に対する贈与となる。

納税者の主張

課税処分は，次の理由により違法であるから，その全部を取り消すべきである。

① K社に現物出資した価額は「時価より著しく低い価額」ではないので，相続税法基本通達9－2⑵に定める株式又は出資の価額が増加したときには該当しない。

② 課税庁は，現物出資に伴い，K社の出資1口当たりの価額が零円から726円に増加し，各出資の価額の増加分に相当する経済的利益の額が発生していると認定し，経済的利益の額を贈与により取得したものとみなして贈与税を課税しているが，経済的利益の額は，K社の出資時の取得価額1,000円を下回っているから，納税者は取得時点からみると，現物出資によって何ら利益を享受していない。

課税庁の主張

課税処分は，次の理由により適法である。

1　現物出資資産の受入価額について

相続税法9条に規定する「著しく低い価額」の判定基準については，所得税法のように時価の2分の1未満というような具体的基準はない。

相続税法基本通達9－2(2)の適用に当たり著しく低いかどうかの判定は，具体的事例について個々の取引の事情に応じ，取引当事者間の関係等を総合勘案し，贈与を受けたと認められる金額があるかどうかによりこれを判定するものと解すべきである。

本件は，現物出資資産の時価に対して，出資資産の受入価額は，時価の54パーセントに満たない価額であるから，時価より著しく低い価額で現物出資があった場合に該当する。

2　経済的利益の享受について

現物出資によってK社の1口当たりの出資の価額は，「財産評価基本通達」の定めにより評価したところ，現物出資前零円であったものが現物出資後726円に上昇した。

相続税法9条の規定の適用に当たっては，現物出資前の出資の価額と現物出資があった後の出資の価額とを比較し，納税者を含む他の出資者がどれほどの利益を享受したかにより贈与財産の価額を決定するのであるから，K社の設立時に納税者が取得した出資の価額より経済的利益の額が下回っているから何ら利益を受けていないとする納税者の主張には理由がない。

審判所の判断

1　現物出資資産の受入価額について

時価とは，客観的な交換価値，すなわち，その財産の現状に応じ不特定多数

の当事者間で自由な取引が行われる場合に通常成立するであろう価格と解されている。また，現物出資の価額が著しく低い価額に該当するか否かの判定基準については，法令上，明文の規定はないものの，当該財産の現物出資に至る事情，当該財産の現物出資の対価及び当該現物出資に係る財産の市場価額などを総合勘案して社会通念に従い判断すべきものと解されている。

本件における現物出資の取引は同族関係者間のものであって，不特定多数の当事者間での自由な取引によるものということは到底いえず，しかも，比率が約53.8パーセントと，おおむね時価の半分で受け入れられており，また，額にすると2億4千万円もの差があることから，結局K社の受入価額は，時価より著しく低い価額であると判断するのが社会通念に照らして相当である。

2 経済的利益の享受について

相続税法9条は，一般的に対価を支払わないで又は著しく低い価額の対価で利益を受けた場合には，当該利益を受けた時において当該利益を受けた者が，当該利益の価額に相当する金額を当該利益を受けさせた者から贈与又は遺贈により取得したものとみなして，贈与税又は相続税の課税財産とする旨規定されている。

この規定の趣旨は，私法上の贈与契約によって財産を取得したものではないが，当該利益の内容が贈与と同じような実質を有する場合には，贈与契約の有無という私法上の法律関係の形式に左右されることなく，その経済的実質において判断し，その経済的利益の額相当額を贈与により取得したものとみなして，これを課税価格として贈与税を課税することとしたものであると解されている。

ところで，現物出資があった場合において，相続税法9条に規定する「利益を受けた時」とは，現物出資があった時をいうと解せられ，また，「利益の価額に相当する金額」は，その現物出資があった直後の株式又は出資の価額から，現物出資直前の株式又は出資の価額を差し引く方法により算定するのが相当と解せられている。

そうすると，K社は現物出資資産を時価に比し著しく低い価額で受け入れたのであるから，その結果受入価額と時価との差額に相当する金額がK社の隠れ

た資産となり、K社の出資は当該差額に相当する金額だけ価値を増し、したがって、納税者側はK社の出資口数に応じその所有する出資が価値を増したことによる財産上の利益を享受したものと認められ、対価を支払わないで利益を受けた場合に該当する。

3　経済的利益の額の計算の適否について

　経済的利益の額の算定方法については、現物出資直後のK社の1口当たりの出資価額（K社は財産評価基本通達178に規定する大会社に該当する）から現物出資直前のK社の1口当たりの出資価額（出資前の区分は中会社）を控除して算定する。

　ところで、課税庁は、現物出資直後の1口当たりの出資価額を算定するに当たって、その基本要素の一つである1口当たりの純資産価額を現物出資直前の資本金額、法人税法2条17号に規定する資本積立金額及び同条18号に規定する利益積立金額に相当する金額の合計額（以下「資本金額等」という）に基づいて算定しているが、現物出資により資本金額等の内容に変動が生じたものであるから、それらの変動後の資本金額等により算定するのが相当であり、これにより比準割合を算定し、争いのないその余の類似業種の株価等を乗じて算定すると当該出資価額は830円となる。

　また、課税庁は、現物出資直前のK社の1口当たりの出資価額について、零円と算定しているが、363円とするのが相当である。

　財産評価基本通達179(2)のただし書の定めによれば、類似業種比準価額が純資産価額（財産評価基本通達185）を超える場合に、納税義務者が選択により純資産価額に相当する金額によって評価することができるとされているが、納税者側は、このただし書を選択していない。

　そうすると、経済的利益の額は、現物出資直後のK社の出資1口当たりの価額830円から現物出資直前のK社の出資1口当たりの価額363円を控除した金額467円に、納税者が現物出資時に所有していた出資の口数を乗じた金額となり、これらの金額は、課税処分の額を下回るので課税処分はその一部を取り消すべ

きである。

研　究

　同族会社の持分関係に変動をもたらす行為に対しては，課税関係を十分に考慮した上で行わなければならない。

　金銭債権の場合を除けば，現物出資の目的財産の多くは有価証券か不動産である。これらの財産についてはいうまでもなく時価評価の適否が難しいため，原則としては裁判所の検査役の調査（会社法207①）が必要とされる。市場価格のある有価証券の場合には，取引相場以下の価額（会社法207⑨三）で行う場合には，検査役の調査を省略することができるが，不動産の場合には，弁護士等の専門家の証明に加えて不動産鑑定士の鑑定評価（会社法207⑨四）も付けなければ検査役の調査を省略することはできない。

　受入価額については上記のような会社法上の手続きが存するため，目的資産を過大に評価して受け入れることは実務上あまりないことと思われる。よって時価を上限とする中で，発行会社が任意に決定することとなる。

　現物出資者の税務に関しては，適格現物出資に該当しない場合には，目的財産の時価による譲渡があったものとされるが，個人株主であれば取得した株式の取得時の時価（純資産価額であり相続税評価額ではない）を譲渡収入金額（所法36①，②）とする譲渡所得税，法人株主であれば出資資産の出資時の時価（法令119）で計算される法人税が課税される。

　要約すると，法人の場合には出資資産の時価であるのに対し，個人の場合には発行された株式の時価となり，新株の受入価額，発行数によって譲渡収入金額は異なることになる。さらに取得した株式の時価が目的財産の2分の1に満たない場合には，みなし譲渡課税（所法59①二）により時価によって譲渡があったものとみなされる。

　現物出資の場合には，時価評価の問題を無視できないため，出資持ち分関係に異動が生じないかの検討を常に行う必要がある。出資持ち分関係に異動が生じる場合には贈与税の税務処理も別途必要とされる。

相続税法9条自体の射程範囲は，実は相続税法基本通達の例示列挙より広い。通達が相続税法9条本文の「当該利益を受けさせた者」の適用範囲として，①「同族会社」，②「著しく低い価額で現物出資」と限定して解釈しているだけであって，ケースによっては通達ではなく本文の解釈として課税する場合もありえよう。通達で限定されているから問題ないと思い込むのは勝手だが，相続税法9条の趣旨をよく理解し，実務に当たっては慎重な対応がされるべきであろう。

　〔参考〕
　国税不服審判所　平成3年10月18日裁決（ＴＡＩＮＳ検索番号Ｊ42－4－02・ＴＫＣ文献番号26010711）

Case39：無償譲渡（第三者割当）

事実の概要

　納税者の父が代表取締役をしているA社は，B社との間で，相互の関係強化を図るため，B社の第三者割当増資を行うこと等を内容とする協定を締結した。B社の取締役会において，発行新株式数を額面株式（1株につき50円）576万株，発行価額を1株につき285円，申込期日を昭和61年11月18日，払込期日を昭和61年11月19日，割当方法を父に300万株，A社に276万株とする新株発行に関する決議を行い，同年11月4日にこの決議事項を公告した。納税者は，本件新株300万株の申込証拠金（8億5,500万円）を父名義でN銀行の「B社申込証拠金」口座へ送金し，その結果300万株を取得した。

　課税庁は，増資に係る300万株の新株の引受権を父が納税者に贈与したものであり，仮に贈与が認められないとしても，納税者は父の新株引受権に基づいて本件新株300万株を取得し，対価の支払なくして，株式の時価と払込金額との差額分相当の経済的利益を享受したものであるから，相続税法9条により納税者はその利益の価額に相当する金額を父から贈与により取得したとみなし，贈与税及び無申告加算税の賦課決定をした。

裁判所の判断

① 相続税法9条は，法律的には贈与によって取得したものとはいえないが，そのような法律関係の形式とは別に，実質的にみて，贈与を受けたのと同様の経済的利益を享受している事実がある場合に，租税回避行為を防止するため，税負担の公平の見地から，その取得した経済的利益を贈与によって取得したとみなして，贈与税を課税することとしたものである。これを本件につ

いてみるに、B社は取締役会決議をもって、父に対し本件新株300万株を割り当てることとしたものであるから、これにより父は、所定の方法で引受の申込をすることによって、新株を発行価額で取得し得る地位を得たものである。当該株式の時価が発行価額を上回るものであれば、その差額相当分の利益を得ることになるところ、父は自ら引受の申込をせず、新株を納税者に取得させるために、納税者の借入金を用いて、父の名義で納税者に新株を引受させ、納税者が新株を取得するに至ったものであるから、父は新株を引き受けたとすれば取得するであろう当該株式の時価とその発行価額との差額に相当する経済的利益を失い、他方、納税者は何らの対価の支払なくしてこの経済的利益を享受したものということができ、その間に実質的に利益の移転があったことは明らかであるから、納税者はその利益を受けた時における当該利益の価額に相当する金額を父から贈与により取得したものとみなす。

② 納税者は、「父に対し適正な価額で割当てられた新株を、納税者がその発行価額を払込んで取得したとしても、それが税法上贈与になるいわれはない」旨主張する。しかし、納税者が対価の支払なくして受けた利益は、新株の時価とその発行価額との差額相当分であり、現実に納税者が対価の支払なくして差額相当分の経済的利益を享受した以上（仮に、株式の時価と発行価額との間に差がなければ課税関係が生じない）、父から納税者へ実質的に利益の移転があったものとして、相続税法9条により贈与税の対象となるというべきである。

また、納税者は「課税庁の主張によっても、新株の時価（317円）と払込金額（285円）との差額はわずかに32円であるから、この程度の差額があることは、みなし贈与の要件として『著しく低い価額』に該当しない」旨主張するが、納税者は、新株の時価とその発行価額との差額相当分の利益を受けたものであり、その利益の取得につき何らの対価を支払っていないことは明らかであるから、本件においては「著しく低い対価」の問題ではなく、「対価を支払わないで」利益を受けたものとして相続税法9条のみなし贈与の対象となるのであって、納税者の主張は理由がない。

研 究

1 経済的利益

「経済的利益」とは，現物給付で，①物品その他資産の無償又は著しく低い価額で譲渡した場合のその資産の時価とその対価との差額，②土地家屋の無償又は低廉貸与，③無利息又は低利貸付，④債務免除，⑤役務の無償提供（相続税，贈与税は課税対象とはしていないが），等で実際に支払った対価とその時価との差額に相当する利益のことである。「経済的利益」は主に所得税や法人税において議論されているが，対価を支払わない又は著しく低い価額で資産等を取得した場合には，当然相続税や贈与税の対象となる。

相続税法9条（贈与又は遺贈により取得したものと見なす場合－その他の利益の享受）では，私法上の贈与契約によって財産を取得したのではなく，贈与と同じような実質を有する場合に，贈与の意思がなければ贈与税を課税することができないとするならば，課税の公平を失することになるため，実質的に対価を支払わないで経済的利益を受けた場合においては，贈与契約の有無に拘わらず贈与によって取得したとみなし，課税財産として贈与税を課税しようとするものである。すなわち，法律的には贈与によって取得したものとはいえないが，そのような法律関係の形式とは別に，実質的にみて，贈与を受けたのと同様の経済的利益を享受している事実がある場合に，租税回避行為を防止するため，税負担の公平の見地から，その取得した経済的利益を贈与によって取得したものとみなして，贈与税を課税することとしたものである。

2 本事案の事実認定

当時納税者は19歳無職であり，新株の取得のための手続や資金の借入れは一切関与しておらず，すべて納税者の父が行ったことである。納税者と父との間で実際に贈与についての意思の合致があったか否かの認定は困難である。増資における新株300万株の割当先は名実とも父であったというべきで，父は自ら引受の申込をせず，新株を納税者に取得させるために，父の名義で納税者に新株を引受させ，納税者が新株を取得するに至ったものであるから，結果として

利益の贈与者と受贈者が存在することとなると，財産の名義が変更となったときに贈与により取得したものとみなされる。

3　利益の享受

　納税者は，父の名義で新株を引き受けたことにより，何らかの対価の支払なくして経済的利益を享受し，実質的に父から納税者へと利益の移転があったと考えられる。仮に納税者が父に対し発行価額を払込んだとしても，新株の時価とその発行価額との差額分相当の利益を受けたと考えられる。

　したがって，本事案は，第三者割当増資の割当を受けた納税者の父が，納税者に父名義で新株を引き受けさせた場合，払込金額と株式の時価との差額に相当する経済的利益を，父から贈与によって取得したとみなされるため，裁判所の判断は妥当といえる。

（参考）
　東京地方裁判所　平成8年12月12日判決（ＴＡＩＮＳ検索番号Ｚ221-7829・ＴＫＣ文献番号28032117）
　東京高等裁判所　平成9年6月11日判決（ＴＡＩＮＳ検索番号Ｚ223-7930・ＴＫＣ文献番号28040510）

Case40：無償譲渡（現物出資）

事実の概要

　納税者の母は，A社の設立並びにB社の設立及び増資に際して金融機関等から総額97億円を借り入れて，これらの出資額のほとんどを取得するとともに，A社及びB社の出資の総額を現物出資することにより第三法人であるC社を設立及び増資をし，出資を取得した。

　その後，母は，所有するC社の出資額の全部を納税者に対して取得価額の2分の1以下の約45億円で譲渡した。

　そして，納税者は，C社を存続会社としてこれら3社を合併させるとともに40口増資した。その後減資の実行により，本件出資の譲受価額の倍以上である約92億円もの払戻金を受け取ることとなった。

　課税庁は，母からのC社の出資持分の譲受けについて，相続税法第7条の規定による時価に比して著しく低い価額の対価で譲り受けたことになるとして，贈与税の賦課決定処分を行った。

納税者の主張

　母からのC社の出資持分の譲受けについては，財産評価基本通達185（純資産価額）及び186－2（評価差額に対する法人税等に相当する金額）を適用して，本件出資の対価の額を算定したものであるから，財産評価基本通達186－2に定める評価差額に対する法人税等に相当する金額の控除を認めないとする課税庁の処分は，何ら客観的合理性が認められない。

課税庁の主張

納税者らの行った法人の設立から出資の売買を含む一連の行為は、専ら贈与税の負担を回避するためだけに行われた行為であったことは明らかである。

さらに、これら一連の行為が行われた際に母が病気加療中であり、平成3年8月7日以降は話すこともできない状態が続いていたことを勘案すると、納税者らは、納税者の母に相続の開始があることを想定して、財産評価基本通達に定める純資産価額が、法人税額等相当額を控除して非上場会社の株式の価額を算定できることに着目し、贈与税及び相続税の負担を軽減することのみを目的に極めて計画的にこれら一連の行為を行ったものである。

審判所の判断

納税者らの行った法人の設立から出資の売買を含む一連の行為は、出資を資産として運用あるいは保有するといった目的から行われたものではなく、出資の1口当たりの純資産価額を算定するに当たり、法人税額等相当額を控除することとしている財産評価基本通達185及び186－2に定められた方法を利用し、借入金と出資の1口当たりの評価額を圧縮することによって贈与税の負担の軽減を図るとともに、納税者の母に係る相続税の負担の軽減を図るという目的で行われたものであることが優に推認できるので、このような場合には、他の納税者との間の実質的な租税負担の公平という観点からして、出資の価額の算定に当たっては、通達によらないことが相当と認められる特別な事情がある場合に該当すると解すべきである。

したがって、出資の価額（時価）は、約93億円が相当であると認められるところ、納税者が出資を約45億円で譲り受けていることは、相続税法第7条の規定により時価に比して著しく低い価額の対価で譲り受けたことになるから、出資の価額と譲受け価額との差額48億円は納税者の母からの贈与により取得した

ものとみなされる。

研　究

　本事案において，課税庁は，「納税者の母は，総額97億円という巨額の借入金を原資として，Ａ社及びＢ社を設立し，Ｂ社の増資を行う一方で，両社の出資持分をＣ社に対して著しく低い価額により現物出資することによって，恣意的に評価差額を作り出したうえで，財産評価基本通達の定める非上場会社の株式の評価方法を形式的，画一的に適用すれば，評価差額に対する法人税額等相当額が控除できることを利用して，出資の価額を通達の定めにより算定し，総額45億円で納税者にＣ社の出資を譲渡したものである。さらに，納税者はＣ社，Ａ社及びＢ社の３社を合併したうえ，その存続会社であるＣ社の減資をして約92億円の資本の払戻しを受けた結果，実質的には約46億円を上回る経済的利益を得たものである」と指摘している。

　これについて，審判所は，「納税者らの行った法人の設立から出資の売買を含む一連の行為は，贈与税の負担の軽減を図るとともに，納税者の母に係る相続税の負担の軽減を図るという目的で行われたものであることが優に推認できる」と判断している。

　取引相場のない株式のうち小会社の株式は，原則として純資産価額方式によって計算した金額によって評価するとされている（評基通179(3)）。

　また，１株当たりの純資産価額（相続税評価額によって計算した金額）は，課税時期における評価会社の各資産の相続税評価額の合計額から，課税時期における各負債金額の合計額を控除し，更に当該控除後の残額から，評価通達に定める評価差額に対する法人税等に相当する金額を控除した金額を，課税時期における発行済株式数で除して計算した金額をもって評価することを原則としている（評基通185）。

　しかし，この財産評価基本通達に定める評価差額に対する法人税等に相当する金額の取扱いについては，この規定を利用して，株式の評価額を限りなくゼロに近づけるなどの節税策が行われたことから，平成２年８月３日の改正財産

評価基本通達，そして平成6年6月27日の改正財産評価基本通達と当初の制定から何度も改正がなされている。

平成6年6月27日の改正財産評価基本通達においては，取引相場のない株式等を純資産価額方式で評価する場合において，その資産の中に，現物出資により著しく低い価額で受け入れた株式等があるときは，原則として，法人税等相当額は，純資産価額の計算上これを控除しない旨が定められている。

本事案は，改正前の評価通達を熟知した上での租税回避行為の可能性が高いと考えられるが，他の納税者との間の税負担の公平の観点からしても，やむを得ない判断であったと思われる。

なお，財産評価基本通達においては，本事案のように経済的合理性が認められないなど，財産評価基本通達の定めによって評価することが著しく不適当であると認められる場合には，財産評価基本通達第6項の適用がなされることがあるので留意する必要がある。

（参考）
国税不服審判所　平成9年8月27日裁決（ＴＡＩＮＳ検索番号Ｆ０－３－020）

Case41：贈与の事実（3年以内贈与）

事実の概要

納税者3名（長男A，二男B，長女C）は，平成17年7月に開始した相続に関し，平成18年4月に遺産分割協議を終え，期限内申告を行った。

後日の税務調査により，申告書には上場株式の端株と相続開始前3年以内の贈与による取得財産が漏れているとして，平成19年2月に相続税の更正処分及び過少申告加算税の賦課決定処分を行った。

なお二男Bは平成12年に被相続人から自宅購入資金として現金の贈与を受けていた。

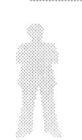

納税者の主張

1　相続開始前3年以内の贈与加算について

相続開始前3年以内に被相続人名義の預金から引き出されている現金を，被相続人と同居していたCに対する現金の贈与と認定しているが，贈与を受けた事実はない。

Cに対する贈与税の課税が相続税法9条（みなし贈与経済的利益享受）の規定を根拠としてするのであれば，Cに対する財産の増加又は債務の減少といった客観的な事実を明らかにしなければならないところ，それが明らかになっていない以上，同条に規定するみなし贈与の課税要件も具備していない。

課税庁が中途半端で未熟な調査手法により被相続人の預金の引出額に対応する資産が発見できなかったからといって，現金をCに対する贈与であると認定することは，公権力の濫用であり，相続税法に規定されていない相続税の推計課税を行ったものである。

2　未分割財産がある場合の相続税の課税価格の計算方法について

相続税法55条（未分割遺産に対する課税）は，財産の全部又は一部が共同相続人によって分割されていないときは，その分割されていない財産については，民法の規定による相続分によって取得したものとして課税価格を計算する旨規定している。

課税庁は，Cが相続により取得した分割済財産の価額が同人の法定相続分による取得価額を超えているため，未分割株式については同人には相続分がないものとして「穴埋方式」で計算しているが，法的紛争で解決するのであればともかく，そのような計算方法は，世の中の実態に合わないものである。

したがって，未分割株式については，本件相続人らが均等に取得したものとして，相続税額の計算をすべきである。

課税庁の主張

1　相続開始前3年以内の贈与加算について

Cは，相続開始前3年以内に被相続人から贈与により財産を取得していると認められる。

また，納税者は，更正処分が相続税法に基づかない相続税の推計課税である旨主張しているが，納税者の主張は独自の見解によるものである。

2　未分割財産がある場合の相続税の課税価格の計算方法について

相続税法55条の規定によれば，未分割株式については，民法の規定による相続分の割合に従って取得したものとして計算することとなる。民法上，各共同相続人は，他の共同相続人に対し，遺産全体に対する自己の相続分に応じた価格相当分から，既に分割を受けた遺産の価格を控除した価格相当分について，その権利を主張することができるものと解されている。

一部未分割財産がある場合において相続税の課税価格を計算する際には，具体的には，分割済財産額と未分割財産額との合計額を基礎とし，これに民法の規定による相続分を乗じ，各人の分割取得済財産額を控除した残額をもってそ

の者の相続分として，未分割財産額を各相続人に配分することにより，各人の相続税の課税価格を算出する方法「穴埋方式」によるのが相当と解される。

また，民法903条（特別受益者の相続分）1項は，共同相続人中に，被相続人から贈与を受けた者があるときは，被相続人が相続開始の時において有した財産の価額にその贈与の価額を加えたものを相続財産とみなし，同法900条から902条の規定により算定した相続分の中からその贈与の価額を控除した残額をもってその者の相続分とする旨規定している。

本事案においては，相続人らの中に被相続人から贈与を受けた者（B）がいることから，民法903条の規定に従って当該贈与の額を持ち戻して相続分を計算し，また，未分割株式については，穴埋方式により計算すべきである。

審判所の判断

1 相続開始前3年以内の贈与加算について

被相続人名義の預金からの多額な出金の事実は認められるものの，課税庁から提出された全資料を総合し，さらには，当審判所において調査した結果によっても，Cが現金を取得ないしは費消したとか，現金が相続開始日に存在したと認めるには足りないことからすれば，同人が被相続人から贈与により現金を取得したものとは認められず，課税庁の主張には理由がないものと判断せざるを得ない。

したがって，現金について相続開始前3年以内に贈与がなされたものとして相続税の課税価格に加算するのは相当ではない。

2 未分割財産がある場合の相続税の課税価格の計算方法について

相続税法55条の規定によれば，相続により取得した財産の全部又は一部が共同相続人によってまだ分割されていないときは，その未分割財産については，各共同相続人が民法（904条の2を除く）の規定による相続分の割合に従って財産を取得したものとして相続税の課税価格を計算することとされている。

この「民法の規定による相続分」とは，民法900条から903条までに規定する

相続分をいうから，共同相続人の中に被相続人から贈与を受けた者がいる場合には，同法903条の規定により，相続財産の価額に贈与財産の価額を加えるいわゆる持戻計算を行うこととなる。

また，同条にいう「相続分の割合」とは，共同相続人が他の共同相続人に対してその権利を主張することができる持分的な権利の割合をいうものと解するのが相当であり，相続財産の一部が分割され，残余が未分割である場合には，各共同相続人は，他の共同相続人に対し，相続財産全体に対する自己の相続分に応じた価格相当分から，既に分割を受けた相続財産の価格を控除した価格相当分についてその権利を主張することができるものと判例では解されている。

したがって，相続税の課税価格の計算に当たっては，被相続人から贈与を受けた財産の価額については相続財産への持戻計算を行い，また，相続財産の一部が分割され，残余が未分割である場合には，上記判例の趣旨に照らせば，穴埋方式により計算するのが相当であるから，納税者の主張には理由がないというべきである。

3　寄与分の取扱いについて

相続税法55条においては，民法の規定による相続分の割合について，同法904条の2を除く旨規定しているが，その趣旨は，相続税の課税価格の計算ができなくなることを防ぐことにある。寄与分は，共同相続人間の協議又は家庭裁判所における審判によって初めて明らかになるのが一般的であることから，遺産が未分割である場合には，寄与分も具体的に定まっていないことが多い。同条の規定は，寄与分に応ずる取得財産が具体的に定められている場合について，これを相続分の算定に反映させることを排除する趣旨とまでは解することはできない。

先行する遺産分割により，寄与分に応ずる取得財産が具体的に定められている場合には，当該取得財産額については，穴埋方式による共同相続人の未分割遺産の取得可能額の計算の基礎となる財産の価額から除外されると解しても，共同相続人が他の共同相続人に対してその権利を主張できる持分的な権利の割合を適正に計算することの妨げとはならないとともに，それは寄与分に関する

民法の定めや共同相続人の意思にも沿うものであり、その解釈は、同条の趣旨に照らしても合理的なものというべきである。

そうすると、相続においてCの寄与分として具体的に確定している財産の価額は、穴埋方式による未分割遺産に係る各共同相続人の取得可能財産額の計算の基礎となる財産の価額から除外して計算するのが相当である。

以上の結果、納税者に係る相続税の納付すべき税額は更正処分の額を下回るから、更正処分はその一部を取り消すべきである。

研 究

本事案は、相続税に係る裁決であるが、争点の1つは被相続人の預金の引き出しが相続開始前3年以内の贈与に該当し相続財産に加算されるかどうかという点である。

税務調査において相続開始前3年以内に預金が引き出されている事実があれば、調査官が現金の行き先に関心を持つことは当然のことと予想される。一般的な贈与（民法549条）は片務、諾成、無償の契約によって成立する。この一般的な贈与以外に税務においてはいわゆるみなし贈与の条文が存在し、経済的利益の移転に関して課税の公平を実現せしめている。相続開始前3年以内の預金の引き出しという事実から贈与であると認定するには、契約成立の立証すなわち贈与契約書の存在を明らかにする必要がある。一般的贈与ではなく、みなし贈与規定を適用して課税するにはその受益した経済的利益の客観的事実の証明が必要とされる。本事案ではこの事実の証明が取れなかったために、先行行為である贈与税の課税漏れに関する更正処分を行うことなく、相続税における前3年以内の贈与取得財産の申告漏れという更正処分をした。浅慮としかいえない。審判所が「現金が相続開始日に存在したと認めるには足りない」として贈与の判断自体をしなかったのも当然である。

納税者の納税負担割合の予測可能性を高めて後日の争いを避けるためにも、遺産分割協議書には「この分割協議書に記載のない新たな財産、債務が発見された時は誰々に（分割割合を指定してもよい）相続させる」の文言が必要であろう。

本事案では大きな争点とはなっていないが,「相続させる文言」がないと新たに発見された財産は未分割遺産ということになってしまう。未分割遺産であれば,民法903条の特別受益者を考慮して相続権利分を計算しなおすことになる。つまり相続開始前3年以内贈与どころか,前5年,前10年と被相続人から相続人が受けた贈与分を特別受益者分として加算計算した上で,相続権利分から控除しなければならなくなる。相続税の納税額総額には直接関わってはこないが,再計算により各人の追加遺産の相続額に思惑とのずれが生じ,それに基づいて各人の追加相続税額が発生する。これは争いの元となる可能性が高い。

(参考)
　国税不服審判所　平成20年5月29日裁決(ＴＡＩＮＳ検索番号Ｊ75－4－32・ＴＫＣ文献番号26012202)

Case42：贈与の事実（米国における信託財産）

事実の概要

　納税者は，日本国籍の納税者の父親A及び納税者の母親Bの二男として，平成15年米国において生まれた米国籍のみを有し日本国籍を有しない男児である。納税者の祖父Fは，平成16年8月4日，信託銀行Gとの間で，米国ニュージャージー州法に準拠して，納税者の祖父Fを委託者，信託銀行Gを受託者とする信託契約を締結した。そして，納税者の祖父Fは，同月26日，本件信託における信託財産として券面額500万米国ドルの米国債を信託銀行Gに引き渡した。信託銀行Gは，平成16年9月生命保険会社H外5社との間で，納税者の父親Aを被保険者とする生命保険契約として保険金総額は6,083万6,103ドルを締結し，保険料として合計440万ドルを支払った。なお，納税者の祖父Fは，この米国債を，スイスにおいて保管していた。

　これに対して，課税庁が，この信託行為につき，相続税法（平成19年法律第6号による改正前のもの）4条1項を適用して贈与税の決定処分及び無申告加算税の賦課決定処分をしたので，納税者が，その取消しを求めた事案である。

納税者の主張

1　本件信託の設定行為が相続税法4条1項にいう「信託行為」に当たるか否かについて

　我が国の信託法1条の規定によれば，受託者の権限は「一定の目的に従って財産の管理又は処分をなす権限」とされており，受託者に受益者を選定する権限を認めておらず，まして，第三者にその裁量により受益者を選定する権限を与えることは想定されていない。

しかるに，信託契約においては，納税者の父親Aは，受益者選択権，受託者である信託銀行Gに対する財産の保有，管理，分配について指示する権限を有しているから，このような信託は，我が国の信託法の規定する信託には該当しない。

2　納税者が相続税法4条1項にいう「受益者」に当たるか否かについて

みなし贈与課税は，実質的に見て贈与を受けたのと同様の経済的利益を享受している事実がある場合に，税負担の公平の見地から，享受することになった経済的利益に担税力を認めて課税すべきであり，また，そもそも贈与税は贈与による財産の移転が当事者間において確定的に生じたものと客観的に認められるときに初めて課税されるべきものである。

また，相続税法4条2項4号が，ある者が停止条件の成就によって信託受益権を取得することにより「受益者となった」とされていることなどに鑑みると，同条1項の「受益者であるときは」とは，「受益者として信託受益権を取得したときは」ということを意味する。

以上によれば，相続税法4条は，ある者に信託受益権が確定的に帰属したと認められる状態になったときに，その者の信託受益権の取得原因が贈与であるとみなすことにより，信託受益権を課税物件としてその取得者に贈与税を課すための根拠規定であり，仮に信託契約において「受益者」あるいはそれに類似する呼称を与えられて信託の利益を受ける可能性があると記載された者がいたとしても，その者に信託行為によって信託受益権が確定的に帰属させられていないのであれば，そのような信託行為について相続税法4条1項を適用することは違法である。

課税庁の主張

1　信託の設定行為が相続税法4条1項にいう「信託行為」に当たるか否かについて

　信託は，納税者の祖父Fが信託銀行Gに対して委託する財産（米国債）を中心とする法律関係であること，納税者の祖父Fは信託財産（米国債）の所有権を納税者Gに移転させており，信託財産を受託者名義の財産としていること，信託銀行Gは，その裁量によって信託財産を保管し，必要に応じて信託財産を受益者に分配し，あるいは処分することが許容されており，信託銀行Gには信託財産に関する管理・処分権限が与えられており，納税者の祖父F及びその他の者にはその権限はないから，信託銀行Gの管理・処分権限は排他的であること，信託銀行Gの上記権限は，納税者の祖父Fの子孫らの教育，扶助，保健，慰安及び福利を図る目的で行使することが定められており，受益者のために一定の目的に従って行使されることが予定されていることに照らせば，信託の設定行為は，相続税法4条1項にいう「信託行為」に該当する。

2　納税者が相続税法4条1項にいう「受益者」に当たるか否かについて

　相続税法4条1項は，委託者が他人に信託受益権を与えたときは，信託行為をした時に信託受益権を贈与又は遺贈したものとみなして課税する方法（信託行為時課税）を採用している。そして，納税者の祖父Fが信託の信託行為をした時は，納税者の祖父Fが米国債を信託財産として信託銀行Gに引き渡した平成16年8月26日である。したがって，課税処分が適法となるためには，この時点において納税者が信託の利益の全てについて受益者となっていたことが必要である。

　本件信託契約4条1項には，納税者が生存する限りにおいて，受託者は自己の裁量において，納税者の一定の目的のために妥当であると思われる金額を納税者に支払い又は納税者の利益のために利用する旨の記載があるから，米国債の引渡しがあった平成16年8月26日において，納税者が信託における受益者で

あることは明らかであり，その他に信託の受益者として指名されている者はいないから，納税者が唯一の受益者である。

裁判所の判断

1　信託の設定行為が相続税法4条1項にいう「信託行為」に当たるか否かについて

　相続税法4条1項の「信託行為」については，同法にはこれを定義する規定は置かれていない。このような場合，納税者の予測可能性や法的安定性を守る見地から，税法上の用語は，特段の事情のない限り，通常用いられる用法により解釈するのが相当である。本件においても，信託行為は，信託法により規定されている概念であるので，相続税法4条1項の「信託行為」は，信託法による信託行為を意味するものと解するのが相当である。

　そして，信託法1条によれば，信託とは，委託者が，信託行為によって，受託者に信託財産を帰属させ，同時にその財産を一定の信託目的に従って受益者のために管理処分すべき拘束を加えるところにより成立する法律関係であると解されるところ，本件信託も，委託者である納税者の祖父Fが，信託の設定行為により，受託者である信託銀行Gに信託財産である米国債を帰属させ，受益者とされる納税者のために管理処分すべき拘束を加えたものと認められるので，信託の設定行為は，相続税法4条1項にいう「信託行為」に当たると認められる。

2　納税者が相続税法4条1項にいう「受益者」に当たるか否かについて

　通則法15条2項5号によれば，贈与税の納税義務は「贈与による財産の取得の時」に成立するとされている。そして，相続税法4条1項は，「信託行為があった場合において，委託者以外の者が信託（省略）の利益の全部又は一部についての受益者であるときは，当該信託行為があった時において，当該受益者が，その信託の利益を受ける権利（省略）を当該委託者から贈与（省略）により取得したものとみなす。」と規定している。

相続税法5条ないし9条と同様に、みなし贈与の規定である同法4条1項にいう「受益者」とは、当該信託行為により、その信託による利益を現に有する地位にある者と解するのが相当である。
　信託契約に至る経過等や信託契約の内容に照らすと、信託は、信託財産を、納税者の父親Aを被保険者、信託銀行Gを保険契約者兼保険金受取人とする生命保険に投資し、その死亡保険金をもって、受益者に利益を分配することを目的として設定されたものと認めるのが相当である。
　信託契約における受託者の権限を見ると、生命保険以外にも広く信託財産を投資できる権限が認められている。しかし、信託契約では、受託者の権限を定める6条の他に、7条において、信託財産を生命保険に投資することが明示されている。さらに、8条により、信託は、投資顧問である納税者の父親Aの指示に従って、資産運用する義務を負っている。
　そして、信託契約の締結経過、すなわち、信託の設定者である納税者の祖父Fは、あくまでも生命保険で運用することを内容とする投資プランをK銀行のMらに相談し、本件生命保険の被保険者である納税者の父親Aは、信託契約締結前に、既に生命保険契約締結のための健康診断を受診し、投資顧問としての納税者の父親Aは、本件信託が設定された2週間後には、受託者である信託銀行Gに対し、生命保険の契約締結を指示し、これを受けて、信託銀行Gは、生命保険の契約を締結したことに照らせば、信託は、納税者の祖父Fから委託された信託財産である米国債を生命保険契約で運用することを想定して設定されたものであり、信託において受益者に分配することが予定されている信託財産は、納税者の父親Aが死亡し又は保険契約が満期の時に発生する死亡保険金であると認められる。
　信託は、生命保険への投資を内容とする信託であり、その信託財産500万ドルのうち、信託の費用に充てられることが見込まれる60万ドルを除いた信託において現実に運用することが可能な信託財産となる440万ドル全てが、生命保険の一時払保険料として払い込まれている。したがって、信託としては、生命保険の保険金が受領できる時、すなわち保険事故である納税者の父親Aの死亡

した時又は保険期間が満了した時まで保険金を取得することはできず，信託設定時においては，受益者に対して分配することが可能となる資産を有していないことになる。そうすると，信託の受益者は，信託設定により直ちに信託から利益を得ることはできず，納税者の父親Aが死亡し，あるいは生命保険の満期が到来して初めて信託から利益を得ることが可能となることになる。

また，納税者は，信託契約において第一次的には受益者とされているが，信託が受領した保険契約に基づく保険金を直ちに全額受領できるわけではなく，信託の裁量により分配を受け得るのみであり，しかも，限定的指名権者の指名により，納税者以外の者が信託の利益の分配を受けることも可能である。以上の事情を総合すれば，納税者は，信託の設定時において，信託による利益を現に有する地位にあるとは認められないといわざるを得ない。

以上によれば，納税者は，信託の設定に関し，相続税法4条1項の「受益者」に当たるとは認められないから，納税者に対して，贈与税を課すことはできない。

研 究

本事案は，課税庁の主張によると，節税スキームを目的として富裕層である納税者（推定年齢0歳から1歳）の祖父Fが，Fを「委託者」として米国の信託を利用するために米国籍を取得させた納税者（Fの孫）を「受託者」とし，納税者の父親A（Fの息子）を本事案の「信託管理者」として「信託」を設定することにより，500万ドルが祖父から孫に移転されているとみなして，祖父Fから孫（納税者）への「みなし贈与」の課税処分である。

また，課税庁が訴訟において主張する納税者の平成16年分の贈与税の課税価格は5億4,513万円，納付すべき税額は2億6,976万円であり，無申告加算税の額は4,046万円という高額さに加え，将来の相続人である受贈者の「住所」を海外に移転させ，かつ「国籍」の外国籍への変更（取得）を用いた節税スキームであることから「いわゆる武富士事件」（Case44参照）と同様に注目された事案である。

裁判では、①本件信託の設定行為が相続税法4条1項にいう「信託行為」に当たるか否か、②納税者が同条1項にいう「受益者」に当たるか否か、③本件信託が生命保険信託に当たるか否か、④納税者が相続税法1条の4第3号の制限納税義務者（納税者が日本国国内に「住所」を有しないとして）に当たるか否か、⑤本件信託財産が我が国に所在するものであるか否かが争点とされた。

しかし、判決では、米国籍の孫（納税者）を利用した相続税対策ではあるが、納税者は、信託設定時において「利益を現に有する地位」にあるとはいえないため、「受益者」（旧相続税法4条1項、現在の所得税法9条の2第1項）には該当せず「生命保険の保険金の受取を利用した投資である」と解釈して、上記③から⑤の争点を判断しないまま納税者が「受益者」に該当することを前提とした違法な課税処分であるとして課税処分を取り消した。そのため、③から⑤の争点についての重要な議論が残されたままとなっている（なお、課税庁は控訴している）。

確かに、争点②納税者が相続税法4条1項にいう「受益者」に当たるか否かについては、本事案における納税者の「信託設定契約の地位」は、信託制度上において「受益者」に該当しないように工夫されたものであるとの批判が想定される。すなわち、信託が贈与税の課税時期を納税者の父親Aが将来死亡する時点や将来の満期時点へと遅らせていることや納税者の父親Aによる納税者以外の者への「受益者」の変更の可能性を残して設計されているからである。

近年、富裕層を中心とした、節税対策は、かつての、民法上の規定を利用したものから、海外における取引を利用したものへと大きく様変わりしている。そして、これらの節税策の多くは、銀行や弁護士、公認会計士、税理士といった職業専門家のビジネスとして販売されている。そのために生じる「不公平感」や「一般的国民の法感情」から疑問視されていることも事実である。

しかし、税法の解釈においては、租税法律主義（憲法30条・84条）による制約から、法律の規定を離れた自由な解釈や法の欠缺を埋めるための恣意的な解釈は国民の経済生活における予測可能性と法的安定性を阻害することとなるから認められない。

したがって，本事案のような問題点については，個別的に租税法規の改正による立法的解決が求められることになる。

　なお，平成19年9月30日に施行された信託法に対応することを目的とした平成19年度税制改正後の相続税法により，本事案のような信託は，「受益者等が存しない信託の受託者の住所等」の規定の適用により信託設定時に「みなし贈与課税」されることとなるか，またはその信託の委託者の死亡原因としてその信託の効力が生ずる場合には，遺贈により取得したものとみなされ，「相続税」が課税される（相続税法9条の4第1項，3項，同法施行令1条の12）可能性があることを留意すべきである。

　（参考）
　名古屋地方裁判所　平成23年3月24日判決（ＴＡＩＮＳ検索番号Ｚ888－1584・ＴＫＣ文献番号25443597）

Case43：贈与の事実（老人ホーム入居金）

事実の概要

　被相続人の配偶者が介護付有料老人ホームへ入居した約1カ月後，被相続人が同老人ホームへ入居したが，被相続人は約4カ月後に同老人ホームで死亡した。同配偶者は，入居の際に入居金945万円（入会金105万円，施設協力金105万円は返還されず，一時入居金735万円は20％が即時償却され，残額が入居年齢に応じた償却期間60カ月で毎月均等に定額償却される）を支払い，解約時には一定の金額が返還されることとされていた。なお，入居金は被相続人名義の普通預金口座から，同施設を運営する法人に振り込まれていた。

　課税庁は，被相続人が被相続人の配偶者の入居の際に支払った入居金について，返還金相当額約529万円が被相続人の配偶者に対する金銭債権であるとして相続税の更正処分をした。

納税者の主張

　被相続人が配偶者の入居契約に係る入居金を負担したのは，配偶者に対する生活保持義務を履行したものであり，贈与ではなく，配偶者は生活保持義務の履行の効果として，生涯に渡り，老人ホームの入居を継続し，かつ，介護等のサービスを受けることができることになったにすぎない。

　被相続人の配偶者に対する生活保持義務の履行は，民法752条に基づく法律上の履行であり，被相続人は，入居契約に関する何らの権利義務も帰属していないから，返還金相当額が金銭債権という相続財産になる余地はない。

課税庁の主張

　一時入居金のうち定額償却部分は，老人ホームの家賃及び共用施設の利用料相当額であり，定額償却部分に係る被相続人の生活保持義務については，配偶者の家賃等に充当されていく都度，配偶者に対する生活保持義務の履行が完了していく。

　被相続人の死亡後は，配偶者に対する生活保持義務を負わないから，定額償却部分のうち，いまだ配偶者の家賃に充当されていない部分について配偶者は返還義務があるため，被相続人は，相続開始日において，配偶者に対する返還金相当額の金銭債権を有していることとなる。

　金銭債権については，入居契約の日において，被相続人と配偶者との間で，被相続人の死亡を原因とする贈与があったとみるべきである。

審判所の判断

　入居金の支払時に，被相続人及び配偶者間で，入居金相当額の金銭の贈与があったと認めるのが相当である。

　しかし，入居金に相当する金銭は，贈与税の非課税財産に当たると認められ，贈与税の非課税財産については，相続開始日前3年以内の贈与であっても相続税の課税価格には加算しないから，入居金に相当する金銭については，相続に係る相続税の課税価格に加算されない。

　また，一時入居金を含む入居金は，一定の役務の提供を終身に渡って受け得る地位に対応する支払いであり，配偶者が，定額償却部分の償却期間が途過しても居住を続けられることからすれば，定額償却部分を純粋な家賃等の前払分と判断することは相当とはいえない。

　以上から，被相続人が金銭債権を有していたとは認められないから，金銭債権を相続財産として行った更正処分は違法であり，その全部を取り消すべきで

ある。

研　究

　本事案における老人ホームは，いわゆる一般的な介護付有料老人ホームであり，入居金を支払うことにより，所有権ではなく，終身利用権を得られるものである。

　こうした介護施設等が増えた理由は，子が親を扶養し老後の介護を行うという時代から，介護保険等を通じて，施設等へ介護の依頼をするという時代になったからである。そのため，本事案のような介護付有料老人ホーム等で人生の最後を迎えることは決して珍しいことでは無くなってきた。そのため入居の際に支払う金銭の取扱いと，事後に解約した際の解約金が問題となるケースも増えている。

　負担者と施設利用者が異なる介護付有料老人ホームへ入居のため負担した金銭について，解約時に返還金が発生もしくは返還金が見込まれる場合，返還金相当額が金銭債権と見なされるか。また，当該解約金相当額が金銭債権である場合，当該金銭債権は，相続人の死亡を原因に贈与されたものであったのかが，論点となった。

　この点について審判所は，介護付有料老人ホームへ入居する際に，配偶者が負担した入居金について，入居金を負担した時点で生活保持義務に基づき配偶者へ贈与したものであるとしており，なおかつ非課税財産であるともしている。

　通常，老人ホーム等へ入居する際，妻が負担すべき金額を，夫が拠出することは決して珍しいケースではない。もちろん，夫婦が長年に渡り協力した結果得られた預貯金である以上，夫婦間においては，夫婦どちらかのお金であるという認識は薄いように思われる。

　ところが，一旦相続が発生すると，専業主婦であった妻に帰属している財産はほとんど皆無で，贈与等で財産を夫から妻へ移行していない限り，主たる収入源であった夫の財産であると見なされてしまう。贈与といっても民法752条の生活保持義務の履行に基づく贈与である場合，贈与税の非課税財産に入るた

め，通常の贈与とは分けて考えなければならない。

　また，所有権を伴わない介護付有料老人ホームではなく，分譲型中高齢マンション等を所有した場合，所有者の名義はあくまで拠出した者の名義でなければならず，そうでなければ拠出者から名義人に対する贈与と見なされてしまうであろう。

　このように，今後多様化する介護関連サービスの拡大に伴い，税務の専門家は，入居する介護施設の種類や，入居後間もない時期に解約を行った場合，返還金の発生を伴うケースにおいては，どのような問題が生ずるかといった助言を行わなければ，事後において相応の混乱が生ずる可能性は捨てきれない。

（参考）
　国税不服審判所　平成22年11月19日裁決（ＴＡＩＮＳ検索番号Ｊ81－4－11，ＴＫＣ法律情報データベース文献番号26012414）

Case44：受贈者の住所（住所の本質）

事実の概要

本事案は，いわゆる「武富士事件」と称される事例である。

当時の相続税法の規定には，国内に住所がない非居住者に対する国外資産の贈与に関する非課税措置があった。そこで贈与者が所有する財産を国外へ移転し，更に受贈者の住所を国外に移転させた後に贈与を実行することによって，わが国の贈与税の負担を回避する方法が，いわゆる節税方法として一般に紹介されていた。この場合の居住の有無は，住所すなわち生活の本拠の判定であり，本事案における納税者の住所が香港であるか，東京都杉並区であるかが，争点となった。

裁判所の判断

　第1審は，納税者の3年半ほどの期間中，香港に住居を設け，約65％に相当する日数を香港に滞在し，国内には約26％に相当する日数しか滞在していなかったのであるから，納税者が日本国内に住所すなわち生活の本拠を有していたと認定することは困難であるとした。これに対し，控訴審は，香港における滞在日数を重視し，日本における滞在日数と形式的に比較してその多寡を主要な考慮要素としていずれが住所であるかを判断するのは相当でなく，納税者の生活の本拠は，国内自宅にあったものと認めるのが相当であるとして判示した。

　最高裁の判旨は，以下のような内容である。

① 納税者は，贈与を受けた当時，香港駐在役員及び各現地法人の役員として香港に赴任しつつ国内にも相応の日数滞在していたところ，贈与を受けたのは上記赴任の開始から約2年半後のことであり，香港に出国するに当たり住民登録につき香港への転出の届出をするなどした上，通算約3年半に渡る赴任期間である期間中，その約3分の2の日数を2年単位（合計4年）で賃借し

た香港居宅に滞在して過ごし、その間に現地において会社又は各現地法人の業務として関係者との面談等の業務に従事しており、これが贈与税回避の目的で仮装された実体のないものとはうかがわれないのに対して、国内においては、期間中の約4分の1の日数を杉並居宅に滞在して過ごし、その間に本件会社の業務に従事していたにとどまるというのであるから、贈与を受けた時において、香港居宅は生活の本拠たる実体を有していたものというべきであり、杉並居宅が生活の本拠たる実体を有していたということはできない。
② 控訴審は、納税者が贈与税回避を可能にする状況を整えるために香港に出国するものであることを認識し、期間を通じて国内での滞在日数が多くなりすぎないよう滞在日数を調整していたことをもって、住所の判断に当たって香港と国内における各滞在日数の多寡を主要な要素として考慮することを否定する理由として説示するが、一の場所が住所に当たるか否かは、客観的に生活の本拠たる実体を具備しているか否かによって決すべきものであり、主観的に贈与税回避の目的があったとしても、客観的な生活の実体が消滅するものではないから、上記の目的の下に各滞在日数を調整していたことをもって、現に香港での滞在日数が期間中の約3分の2（国内での滞在日数の約2.5倍）に及んでいる納税者について事実関係等の下で香港居宅に生活の本拠たる実体があることを否定する理由とすることはできない。このことは、法が民法上の概念である「住所」を用いて課税要件を定めているため、本件の争点が上記住所概念の解釈適用の問題となることから導かれる帰結であるといわざるを得ず、他方、贈与税回避を可能にする状況を整えるためにあえて国外に長期の滞在をするという行為が課税実務上想定されていなかった事態であり、このような方法による贈与税回避を容認することが適当でないというのであれば、法の解釈では限界があるので、そのような事態に対応できるような立法によって対処すべきものである。そして、この点については、現に平成12年法律第13号によって所要の立法的措置が講じられているところである。
③ 控訴審が指摘するその余の事情に関しても期間中、国内では家族の居住する杉並居宅で起居していたことは、帰国時の滞在先として自然な選択である

し，納税者の会社内における地位ないし立場の重要性は，約2.5倍存する香港と国内との滞在日数の格差を覆して生活の本拠たる実体が国内にあることを認めるに足りる根拠となるとはいえず，香港に家財等を移動していない点は，費用や手続の煩雑さに照らせば別段不合理なことではなく，香港では部屋の清掃やシーツの交換などのサービスが受けられるアパートメントに滞在していた点も，昨今の単身で海外赴任する際の通例や納税者の地位，報酬，財産等に照らせば当然の自然な選択であって，およそ長期の滞在を予定していなかったなどとはいえないものである。また，香港に銀行預金等の資産を移動していないとしても，そのことは，海外赴任者に通常みられる行動と何らそごするものではなく，各種の届出等からうかがわれる。

④　納税者の居住意思についても，納税者は赴任時の出国の際に住民登録につき香港への転出の届出をするなどしており，一部の手続について住所変更の届出等が必須ではないとの認識の下に手間を惜しんでその届出等をしていないとしても別段不自然ではない。そうすると，これらの事情は，本件において納税者について事実関係等の下で香港居宅に生活の本拠たる実体があることを否定する要素とはならないというべきである。以上のことから納税者は，贈与を受けた時において，国内における住所を有していたということはできないというべきである。

⑤　生活の本拠に関する補足意見は，以下のとおりである。

結局，民法22条によるべきことになり，したがって，住所とは，反対の解釈をすべき特段の事由がない以上，客観的に生活の本拠たる実体を具備している一定の場所ということになる。租税回避の目的があるからといって，客観的な生活の実体は消滅するものではないから，それによって住所が別異に決定付けられるものではない。本件では，住所を客観的な生活の本拠とは別異に解釈すべき特段の事由は認められないところ，贈与当時，納税者の生活の本拠が香港にあったことは否定し得ないから，当然，納税者の住所が香港であったということも正しいわけである。もっとも，更にいえば，民法上の住所概念を前提にしても，疑問が残らないわけではない。通信手段，交通手

段が著しく発達した今日においては，国内と国外とのそれぞれに客観的な生活の本拠が認められる場合もあり得ると思われる。本件の場合も，納税者の上記に述べた国内での生活ぶりからすれば，納税者の客観的な生活の本拠は，香港のほかに，いまだ国内にもあったように見えなくもないからである。とはいうものの，これまでの判例上，民法上の住所は単一であるとされている。しかも，住所が複数あり得るとの考え方は一般的に熟しているとまではいえないから，住所を東京と香港とに1つずつ有するとの解釈は採り得ない。結局，香港か東京かのいずれか1つに住所を決定せざるを得ないのである。そうすると，本件は，上記の生活ぶりであるとはいえ，香港での滞在日数が国内でのそれの約2.5倍に及んでいること，現地において本件会社又は本件各現地法人の業務として，香港又はその周辺地域の関係者と面談等の業務にそれなりに従事したことなど，法廷意見の挙示する諸要素が最重視されるべきであって，その点からすると，納税者の香港での生活は，本件贈与税回避スキームが成るまでの寓居であるといえるにしても，仮装のものとまではいえないし，東京よりも香港の方が客観的な生活の本拠たる実体をより一層備えていたといわざるを得ないのである。してみると，納税者の住所は香港であった（つまり，国内にはなかった）とすることはやむを得ないというべきである。

研　究

　上告審判決について，マスコミ報道でも，「釈然としない結論である。だが冷静に考えれば筋は通っている」（『朝日新聞』平成23年2月19日社説）というように，肯定する論調がみられる。確かに，法令遵守とそれに基づく租税負担の公平を前提とする納税者の視点からすれば，至極当然の結論といえる。

　課税庁は，住所の判定，すなわち生活の本拠に係る判断基準を長年に渡って構築してきたにもかかわらず，本事案では，課税庁は，いわば「後だしジャンケン」的手法で，みずからの論理に反駁した。課税庁にしてみれば，解釈で運用してきたツケが回ってきた嫌いがある。

　裁判所も指摘するように，また一般的な感覚からすれば，多額の課税回避は

納得できないことは否定しない。しかし強制徴収を旨とする税法の領域であっては，補足意見が如実に示しているように租税法律主義の厳格な適用が，情緒論に優先すべきことは明らかである。類似事例を封じ込めるためにすでに相続税法が改正されたことを踏まえれば，課税庁自身も遡及立法的な解釈論の展開だけでは課税回避を防止できないことを認識していたはずである。自主申告を標榜する申告納税制度において課せられている納税者の責任の重さを考慮すると，最高裁の判断は評価できよう。

　もっとも本事案は，課税庁の主張はもとより，最高裁の判断においても，従来から民法の概念に依拠してきた住所の意義と判定に係る論理に，今日的な意識変化を示唆する言及が感じられる。

　本来，生活の本拠の確認は，本人の意思を重視すべきものである。それを課税の公平性と便宜性の観点からとはいえ，個人の意思と個人的事情を制約し，職業，家族，財産などという形式的な事実に基づいて推定する場合には，それに反する意思を示した納税者に説得力のある説明がなされなければならない。

　結局，住所に関する論議は，実質的な利害が伴う税法の領域で終始されることが多いが，確認するまでもなく，住所は生活の本拠であり，住民票記載の場所とは限らない。生活の本拠とは，住民登録，職業，家族，住居設備，居住状況，水道光熱費など形式的・実質的な総合的な判断が行われるべきである。

　そのため，補足意見も指摘するように，「通信手段，交通手段が著しく発達した今日においては，国内と国外とのそれぞれに客観的な生活の本拠が認められる場合もあり得ると思われる」ならば，国内においてもなおさら複数の住所が存在する者も出てくる。住所は，単一ではないこと，換言するなら単一にする必要もないと理解すべきである。

　今後，住所の有無又は存在が争点となる事案においては，既存の民法概念を超えた住所の単一・複数論が検討されてもいい。今回の最高裁補足意見は，漠然ではあるが，その方向性を明らかにしたとはいえないだろうか。

(参考)

東京地方裁判所　平成19年5月23日判決（ＴＡＩＮＳ検索番号Ｚ257－10717・ＴＫＣ文献番号28131535）

東京高等裁判所　平成20年1月23日判決（ＴＡＩＮＳ検索番号Ｚ258－10868・ＴＫＣ文献番号28140592）

最高裁判所　平成23年2月18日判決（ＴＡＩＮＳ検索番号Ｚ888－1572・ＴＫＣ文献番号25443124）

Case45：贈与財産の評価（建替え予定のマンションの評価）

事実の概要

　納税者らは，相続時精算課税制度を適用して，平成19年6月30日に納税者らの父から各マンション（以下，「各不動産」という）を贈与によりそれぞれ取得した。

　各不動産は，築50年の4階建ての5棟の共同住宅（全148戸で1戸当たりの敷地の平均地積は約76平方メートルである）のうちいずれも3号棟に存する区分所有建物（床面積各39.27平方メートル）及び管理用事務所並びにその敷地（各約73平方メートル）である。

　納税者らは，贈与により取得した各不動産の価額を財産評価基本通達に基づく評価額ではなく，不動産鑑定士による鑑定評価額が相当であるとして贈与税の申告を行った。

　これに対して，課税庁は，財産評価基本通達に基づく評価額が相当であるとして，贈与税の各更正処分及び過少申告加算税の各賦課決定処分を行った。

納税者の主張

　各不動産は，築50年の団地型マンションで，住戸面積は狭く，建物も経年劣化し，給排水設備は陳腐化し，エレベーターはなく高齢者に対応した構造にはなっておらず，今日の水準から見ると居住性能は著しく不十分な建物である。

　また，各不動産は，建物の専有部分の床面積に対応するその敷地面積が広大なH住宅の時価の算定を，評価基本通達の定めにより行うと売買の実態と乖離した非常に高い価額となる。

　したがって，各不動産の価額の算定に際しては，評価基本通達により難い特

別な事情があることから、各不動産の価額は鑑定評価額とするのが相当である。

課税庁の主張

納税者らが各贈与により取得した各不動産の相続税評価額は、客観的交換価値とみるべき合理的な範囲内にあり、特別な事情があるとは認められない。

また、J社が作成した不動産鑑定評価書の各鑑定評価額2,100万円は、H住宅の建替計画の存在を適切に反映したものとはいえず、各不動産の客観的交換価値（時価）を表した価額であるとは認められない。

審判所の判断

1　評価基本通達の定めにより評価した価額

課税庁は、各不動産の価額を評価基本通達の定めにより別表のとおり評価しているが、その計算過程に特段不合理な点は認められない。したがって、評価基本通達の定めによらないことが正当と認められるような特別な事情がある場合でない限り、課税庁が評価した価額をもって各不動産の時価と認めることが相当である。

2　特別な事情の検討

各不動産の敷地部分について、贈与者の有する共有持分が他の区分所有者が有する共有持分と質的に異なることもないのであるから、建物の専有部分の床面積に対応するその敷地の共有持分が広大であれば、それに連動して各不動産の価額も上昇又は下落することになる。

そして、財産評価基本通達においては、土地の形状等に応じて、奥行距離に応じた奥行価格補正率を適用したりするなどして、土地の減価要素を考慮した評価方法が採られている。また、同通達は、家屋の評価については、固定資産税評価額に1.0の倍率を乗じて計算した金額によって評価する旨定めており、この固定資産税評価額は、納税者らが主張する事情については、それを織り込

んで評価していることからすれば，同通達の定めにより各不動産を評価した場合に，適正な時価が求められず，著しく課税の公平を欠くことが明らかな場合に当たるとはいえない。

3　鑑定評価額について

各不動産の評価に際しては，贈与の日において建替えの蓋然性が極めて高く，その場合には敷地の持分価額に見合う既存建物の2倍以上の面積の建物を取得することが予定されていたことなどの事情を考慮して価額を算定すべきところ，納税者らの主張する鑑定評価額は，これらの事情が十分に考慮されておらず，不動産鑑定評価基準に定める予測の原則に基づく分析検討が客観的かつ十分にされていないといわざるを得ないから，各不動産の客観的な交換価値を表しているとは認められない。

上記1から3までのとおり，各不動産の評価に当たり，財産評価基本通達の定めにより難い特別な事情は認められず，同通達の定めにより評価した価額をもって各不動産の時価と認めることが相当である。

研　究

本事案は，納税者が贈与により取得した居住用マンションの評価額について争われた事例である。争点は，居住用マンションの評価額について，財産評価基本通達により難い特別の事情があるか否かである。

税務の取扱いでは，相続，遺贈及び贈与により取得した財産の価額は，その財産の取得の時における時価によることとされている。財産評価における時価とは，不特定多数の当事者間で自由な取引が行われる場合に通常成立すると認められる価額，すなわち，客観的交換価値によるものと解されている。そして，その価額は，財産評価基本通達の定めによって評価した価額によることと定められている。ただし，財産評価基本通達の定めによらないことが正当と認められるような特別な事情がある場合には除かれる。

納税者は，贈与により取得した居住用マンションの価額を財産評価基本通達に基づく評価額ではなく，不動産鑑定士による鑑定評価額によって贈与税の申

告をした。

　納税者の主張は，贈与により取得したマンションは，住戸面積が狭くて老朽化している建物であり，建物の専有部分の床面積に対応するその敷地面積が広大であるから，マンションの時価を財産評価基本通達の定めにより算定すると，売買の実態と乖離した高い評価額が算定されるため，マンションの時価は評価通達により難い特別な事情があるとして，不動産鑑定士による鑑定評価額は妥当であるとしている。

　財産評価通達は，土地の形状等に応じて，土地の減価要素を考慮した評価方法が採られており，家屋の評価についても，家屋の減耗の状況による補正及び需給事情による補正を行って評価する方法が採られている。したがって，納税者が主張するような特別な事情があるとはいい難いと思われる。

　審判所の判断も，財産評価基本通達による評価は，納税者が主張するような事情を織り込んで評価しているため，適正な時価が求められず，著しく課税の公平を欠くことが明らかであるとはいえないとした。

　また，贈与時には，マンションの建替計画が進んでおり，不動産鑑定士による鑑定評価額が適正な時価と認められるかが問題となっている。

　これについて，審判所は，建替えの蓋然性が極めて高く，その場合には敷地の持分価額に見合う既存建物の2倍以上の面積の建物を取得できることが予定されていたことなどの事情等を考慮して比準価格を求めるべきところ，鑑定書における比準価格の算定は，これらの事情が十分に考慮されていないことから，不動産鑑定士による鑑定評価額は客観的な交換価値を表すものとは認められないと判断している。

　先にも述べたとおり，課税の公平の観点から，財産評価における時価は，客観的交換価値によるものでなければならない。不動産鑑定士による鑑定評価で申告した事案については，課税庁との税務トラブルも多く，鑑定評価の不明瞭性，取引事例選択の不合理性，収益還元法などついて否認されているケースが多く見受けられる。

　現行の区分所有建物（マンション）の評価の取扱いについて，本事案では，財

産評価基本通達の定めによる評価額が，売買の実態より高いという事例であるが，特に都心部の高層タワーマンションの相続税評価額は，実際の販売購入価額より低くなる傾向があり，実態とは乖離した価額である。高層タワーマンションが存在していない時代と比較すると，現行の財産評価基本通達に基づく評価は少しなじまないのかもしれない。

(参考)
　国税不服審判所　平成22年10月13日裁決（ＴＡＩＮＳ検索番号Ｆ０－３－252・ＴＫＣ文献番号26012415)

執筆者紹介

編著者
　林　　仲宣　　椙山女学園大学現代マネジメント学部教授・税理士
　四方田　彰　　税理士・神奈川大学中小企業経営経理研究所客員教授
　竹内　　進　　目白大学大学院経営学研究科教授

著　者
　小野木賢司　　(株)アクト・コンサルティング代表取締役
　小川　浩史　　税理士
　角田　敬子　　税理士

編著者との契約により検印省略

平成23年 7月20日	初 版 発 行	贈与税対策に生かす
平成24年10月30日	改 訂 版 発 行	判例・裁決例45選
		〔改訂版〕

編 著 者	林　　　　仲　宣
	四 方 田　　彰
	竹　内　　　進
著　　者	小 野 木　賢　司
	小　川　浩　史
	角　田　敬　子
発 行 者	大　坪　嘉　春
印 刷 所	税経印刷株式会社
製 本 所	株式会社 三森製本所

発行所　〒161-0033 東京都新宿区　　株式　税務経理協会
　　　　下落合2丁目5番13号　　　　会社
　　　　振替　00190-2-187408　　　電話(03)3953-3301(編集部)
　　　　ＦＡＸ(03)3565-3391　　　　　 (03)3953-3325(営業部)
　　　　　URL　http://www.zeikei.co.jp/
　　　　乱丁・落丁の場合は，お取り替えいたします。

ⓒ　林　仲宣・四方田彰・竹内　進　2012　　　Printed in Japan

本書を無断で複写複製(コピー)することは，著作権法上の例外を除き，禁じられています。本書をコピーされる場合は，事前に日本複製権センター(ＪＲＲＣ)の許諾を受けてください。

JRRC〈http://www.jrrc.or.jp　eメール：info@jrrc.or.jp　電話：03-3401-2382〉

ＩＳＢＮ978-4-419-05906-4　C3032